Cómo conseguir trabajo en medio de la pandemia y no morir en el intento

Estrategias claves para encontrar trabajo, en el menor tiempo posible, a pesar de las crisis y dificultades.

Claudio Calderón

Agradecimientos

Mis más sinceros agradecimientos van principalmente para mi familia quienes me han apoyado en todos estos años y han estado a mi lado. Mi querida esposa Lili (Liliana) quien con su paciencia, carácter templado, entrega, misericordia y amor constante ha sido clave en mi vida.

A mis tres hijos, Mauro, Kevin y Melany, hijos que han sabido formar su carácter en base a la experiencia y a la superación contínua y a ese humor tan especial que los caracteriza y a esa crítica aguda pero con amor que han sabido aplicar conmigo, ¡Que paciencia!

A todos mis verdaderos amigos, y familiares queridos, los que han estado en los momentos claves y difíciles, como también en los hermosos, ellos saben quienes son, que a lo largo de la vida me han impactado de una u otra manera, los quiero mucho, y siempre los tengo en mi corazón.

A mis padres, que aunque hoy no están, fueron parte de mi proceso de desarrollo y crecimiento.

Y por supuesto, gracias a Dios quien me ha dado la vida, y las ganas de vivir cada día, si no fuera por él, hoy no estaría aquí. Gracias.

Tabla de contenido

Tabla de contenido

INTRODUCCIÓN	8
¿Por qué escribo este libro?	8
Cómo leer o utilizar este libro	9
Antes de comenzar a leer este libro, mi experiencia.	10
PREPARACIÓN DE LA ESTRATEGIA	11

- Detente a pensar por un momento, en la situación en la que estás ahora, todo en la vida bueno o malo tiene un propósito y estás a pasos de descubrirlo. 11
- No dejes de buscar trabajo con la excusa de que no hay trabajo debido a la pandemia y a la crisis actual que estás viviendo. 12
- Ten una actitud positiva y piensa lo mejor. Todos se darán cuenta si llegas a un proceso desanimado, frustrado y con una actitud pesimista. 12
- No importa la edad que tengas, las oportunidades están aunque no las veas. 13
- Diseña e implementa tu propio mapa de carrera, tu ruta, tu camino. 13
- No tengas vergüenza de decir que estás buscando trabajo, pero se creativo al decirlo. 14
- Cierra las heridas que te dejó tu antiguo empleo. 14
- Contacta a personas que te conozcan profesionalmente para que den referencias (buenas) de ti. 15
- **ACCIÓN** 17
- No hables mal de tu antiguo empleo o empresa, te dió una oportunidad cuando la necesitabas. 17
- El estar desempleado, te abre nuevas posibilidades que jamás te habrías imaginado, vas a crecer como persona y profesional. 17
- Conviértete en consultor o asesor independiente, aunque sea por un breve tiempo. Esto te abre puertas futuras 18
- Desarrolla una marca personal. debes conocerte y que eso permita generar una marca de valor agregado, única. 19
- Tu elemento diferenciador. Conócelo perfectamente, en detalle. 20
- ¿Cómo logro que me entrevisten? Debes hacer todo lo posible para que eso ocurra. 21
- Busca trabajo como si tu vida dependiera de ello, y en gran parte si depende de ello....23

- Si quieres obtener resultados diferentes, debes hacer las cosas de forma diferente. 24
- Nadie puede buscarte trabajo o prometerte encontrar un empleo, esa tarea es solo tuya y tu exclusiva responsabilidad. 25
- Sal de tu casa (si puedes) a un café, biblioteca, mall y busca perspectivas, visiones, siéntate y piensa tu estrategia para encontrar trabajo. 25
- Lleva un diario o registro escrito de todo lo que estás haciendo cada día, rutinas, trabajos, contactos, metas, objetivos, pensamientos, pendientes, logros, etc. 26
- Debes estar dispuesto a reinventarte, aunque sea por un tiempo determinado. 26
- Es posible que tengas que trabajar en lo que no te gusta, pero puede llevarte a una sorpresa inesperada. 27
- Acepta trabajos a plazo fijo por períodos cortos, es mejor algo que nada y te permite estar activo y generar ingresos. 28
- Haz un plan estratégico, piensa y escribe cómo buscarás trabajo y qué es lo que estarás haciendo. 28
- Empresas e industrias objetivo. Ten claro cuales son: No puedes ni debes apuntar a cualquier cosa, porque obtendrás cualquier cosa 29
- Escoge al menos tres industrias en las que te gustaría trabajar y por cada una de ellas, encuentra tres empresas claves e importantes medianas, pequeñas y grandes. 30
- Conoce muy bien a las empresas a las que estás postulando, o que te interesan. Conoce su propósito, industria, competidores, logros, cultura organizacional. 30
- Escribe una muy buena carta de presentación de solo una carilla, ésta será tu clave de acceso a la organización, cuando la lean, abrirá o cerrará puertas. 31
- Tu currículum debe ser diferente de todos los demás arma un currículo que sea diferenciador. 32
- No cometas el grave error de repartir CV como si fuera una campaña política. 32
- Tu curriculum no te conseguirá un nuevo trabajo 33
- Buscar trabajo es trabajo, por lo tanto trabaja mucho en la búsqueda de ese trabajo. 33
- Ten muy en claro, tus fortalezas y debilidades, te lo van a preguntar. 35
- Ten un argumento bien claro de por qué te echaron o te fuiste del trabajo anterior. 36
- Prepara un buen argumento de un minuto en donde expliques por qué deberían considerarse para un puesto, por qué deberían darte una oportunidad. 37
- Desarrolla y gestiona tu red de contactos. Todos los que te rodean y te conocen son potenciales fuentes de un nuevo trabajo o te pueden llevar a uno. 38
- Activa tu red de contactos 38
- Ofrece servicios de consultoría y apoyo a pequeñas y medianas empresas. 39
- Estudia un curso, un diplomado, lo que te permita tu presupuesto, pero recuerda que hay mucha capacitación gratuita disponible en la red. 40

- Cuando te pregunten ¿qué estás haciendo? nunca digas nada o que estés desempleado, debes estar haciendo algo, lo que sea, por que eso habla de ti. 40
- Practica mucho con alguien cercano o conocido, entrevistas, simulacros de conversaciones con recursos humanos y potenciales jefes, la práctica hace la perfección. 41
- No dejes mucho espacio vacío en tu CV. 41
- Instaura la práctica de "te invito a un café" en donde puedas ponerte al día con las personas y puedas preguntarle respecto de su industria y empresa. 42
- Gestiona y usa todas las redes sociales disponibles que existan y que puedas utilizar, Linkedin, Facebook, Twitter, Instagram, páginas Web, etc. Si no las conoces debes aprender a utilizarlas. 42
- Si vale la pena y tienes recursos, invita a un contacto clave a almorzar, algo light no demasiado caro pero que sea mejor que un café. Esta es una muy buena inversión. 43
- Varias Ideas para aplicar que no son muy frecuentes que te recomienden. 44
- Visitas en frío. Si tienes el coraje y la fuerza, anda a una empresa sin cita previa y pide una reunión de 5 minutos con el encargado de rrhh. 44
- La importancia de la fe, en la búsqueda laboral. 45
- ¿Qué hacer mientras estoy desempleado? 46
- ¿Has considerado el emprendimiento?. Puede ser una alternativa 47
- Busca un coach de empleabilidad 48
- Ten mucho cuidado con tus perfiles personales en las redes sociales. 49
- Busca trabajo en sectores que han sido fortalecidos en medio de la crisis y pandemia. .49
- Busca trabajo en sectores que han sido debilitados en medio de la crisis, ya que ellos necesitan alguien que los ayude como externo, no asalariado. 50
- No busques trabajo como una víctima, sino como si tú fueras realmente clave para el éxito de esa empresa. 50
- Llama para ofrecer tus servicios profesionales (emplearte o asesorías) a quien nunca te hubieras imaginado que llamarías. 51
- Ofrécete a trabajar "gratis" por un tiempo corto, una semana dos, part time, para ayudarlos y que de paso te conozcan. Es la mejor forma de "vender" tus servicios. 51
- Se paciente, la impaciencia te puede llevar a la desesperación y desánimo, cegando tu claridad mental y eso lo ven las empresas y desarrolla la llamada "profecía autocumplida". 52
- No te quedes en pijama en tu casa 53
- Las apariencias son importantes y las primeras impresiones cuentan. 53
- Ten una rutina clara diaria de actividades de búsqueda laboral como también tiempo para tu familia, descanso, etc., pero ten la rutina y hazla pública, que todos la conozcan. 54

- Desarrolla y conoce lo más que puedas las competencias digitales y comunicacionales. Hoy están entre las más buscadas. 55
- No dependas solo de un canal de búsqueda o postulación. 55
- No siempre la empresa a la que yo quiero ingresar, es la que me dará las oportunidades. 56
- El mercado laboral oculto es el que hoy tiene más del 70% de las ofertas laborales reales, y no son publicadas en ningún medio o red. 56
- Si no te llamaron, o no te han informado del resultado del proceso, en vez de enojarse o sentirse mal, llámalos y amablemente pídeles que te informen del resultado. 57
- Siempre habrá una oportunidad, es tu responsabilidad luchar incansablemente para tenerla, está en tus manos, no pierdas la esperanza. 58
- Mira películas que hablan del desempleo y la búsqueda de nuevas oportunidades, son detonantes para que veas las oportunidades que existen y que no ves. 59
- Si no tienes un título profesional o universitario, seguramente tienes competencias profesionales y personales de alto valor que no requieren estudio: puntualidad, responsabilidad, compromiso, iniciativa, respeto, constancias, interés por aprender, amabilidad, sentido común, saber escuchar, ser agradecido. 59
- Mira a tu potencial trabajo o empleador, como un cliente especial que quieres ganar, y haz todo lo necesario para lograrlo. 60
- Vacaciones, es el mejor momento para buscar trabajo, aunque no lo creas. 60
- Infórmate muy bien sobre la empresa a la que estás postulando y en especial la persona que te entrevistará si es que tienes su nombre. Si no lo tienes, consíguelo, pregunta. ..61
- Mira bien la oficina, la recepción y el lugar en donde se entrevistaron, los premios en las paredes, políticas, visión, misión, valores, cuadros, estilo, etc., todo esto es clave para darte una idea y prepararte para la entrevista. 62
- Llama hasta que te digan que no hay oportunidades o que "dejes de llamar". 62
- ¿Cuánto es lo que quieres ganar? Ten muy claro o al menos una idea aproximada de lo pretendes como sueldo o remuneración. Te lo van a preguntar y no queda muy bien no tener una idea. 63
- Elevator Speech (Conversación de ascensor de un minuto) 63
- La entrevista perfecta, hay formas de lograrlo. 64

LOGRASTE EL OBJETIVO..65
- ¡Conseguiste un nuevo trabajo!. ¿Qué hacer los primeros 30, 60 y 90 días? 65
- Crea alianzas con las personas claves de la organización. Empleados del área, de otros departamentos, jefes que necesiten apoyo y una nueva visión. 66

Entrevista a Claudio Calderón 66

Palabras finales 74

Reconocimientos 75

INTRODUCCIÓN

Seguramente el título de este libro es muy prometedor y un tanto perturbador tomando en cuenta que nos encontramos en medio de una situación mundial de pandemia que ha afectado a millones de personas y nadie tiene la clave para solucionarlo, pero como le dije a un profesional, lamentablemente la desgracia de algunos es la oportunidad de otros. ¿Qué quiero decir con esto?. Lo veremos a lo largo de este breve ensayo que quiero que lo tomes como una guía estratégica para conseguir empleo en medio de situaciones críticas y pandemia como la que se ha vivido durante el año 2020 que todos recordaremos.

Con esta guía estratégica desarrollarás acciones que si las llevas a cabo con disciplina y responsabilidad, conseguirás trabajo en el mejor tiempo posible y verás que lo que se ha escrito aquí, es totalmente real. De hecho otro profesional me dijo: ¡"no entiendo cómo es posible que varios amigos y conocidos fueron despedidos igual que yo al mismo tiempo, y todos ellos ya consiguieron trabajo"!. Bueno, eso no es suerte, sino una estrategia bien planteada y ejecutada a la perfección.

Hoy estás donde estás, con un propósito, aunque no te guste y pienses que es la peor situación por lo que has pasado, pero creeme que es una tremenda oportunidad de donde saldrás fortalecido a pesar de lo crítico del momento actual.

Puede que ahora encuentres realmente lo que te apasiona, aprender nuevas habilidades, tomar nuevos desafíos, poder cumplir tus sueños o emprender otros nuevos.

Encontrar un nuevo trabajo después de haber estado años en uno o haber salido de uno que te desafiaba, es llamado para algunos como un "renacimiento" o una "re invención", es como nacer de nuevo.

¿Por qué escribo este libro?

Es muy simple: Lo viví, aprendí y quiero ayudarte en este proceso de búsqueda.

Hay muchas formas de escribir un libro. Puede ser desde una perspectiva meramente académica y teórica en base a un estudio profundo de material bibliográfico existente, experiencias de otros y análisis de esas experiencias, llegando a conclusiones que se pueden aplicar. Otra forma es en un formato autobiográfico en donde básicamente se cuentan las historias, pruebas, luchas y victorias vividas en el proceso de aprendizaje y de descubrir en dónde estás en este momento. En mi caso y aplicado en este libro/ensayo, utilicé los dos caminos: Una fuerte experiencia de años de tener estabilidad económica y profesional llegando a altos cargos gerenciales y directivos y encontrarme que tenía que empezar de cero y recomenzar una nueva vida desde el punto de vista laboral. Todo esto me llevó a leer, estudiar, preguntar, aplicar, fallar, triunfar.

En ese camino me tocó ir aprendiendo técnicas, estrategias, incluso producto de mi experiencia llegué a trabajar (ironías de la vida) en una de las empresas más grande de Outplacement a nivel mundial, en donde pude asesorar y ayudar a cientos de profesionales a reubicarse laboralmente, enseñándole todas las estrategias aprendidas para poder reinventarse y encontrar un nuevo trabajo y desafío laboral. (Outplacement: es la estrategia de búsqueda y relocación en un nuevo empleo a todos aquellos que han salido de un trabajo ya sea voluntaria o involuntariamente).

Respecto a mis nuevos conocimientos y en la aplicación de las estrategias aprendidas y compartidas con mucha gente como coach de empleabilidad, también fuí invitado a participar en proyectos de varias empresas nacionales e internacionales ocupando cargos que nunca me hubiera imaginado ocupar y otros que solo lo pensé en sueños. Por todo esto, es que este libro es real, y no solo un manual teórico para decirte lo que tal vez ya sepas, sino para que lo pongas en práctica.

Te voy a compartir mi experiencia, los muchos errores cometidos y los "secretos" para tener éxito en esta gran búsqueda en las que estás a punto de ingresar o que ya forma parte de tu realidad. Permíteme decirte esto: Si haces al menos un 33% de lo que está en este libro (tú decidirás qué parte) vas a conseguir un nuevo trabajo, desafío o emprendimiento; el tiempo que tardes, dependerá solo de tu nivel de compromiso, dedicación y esfuerzo, no de la suerte.

Cómo leer o utilizar este libro

Este libro/ensayo es un material totalmente práctico y didáctico con muchos años de experiencia probada y pulida en base a errores y logros positivos (triunfos). Aquí te comparto algunas buenas ideas de cómo utilizarlo y leerlo para que le saques el mayor de los provechos:

- Leelo de una sola vez del principio al final, anotando y marcando lo que te llame la atención. Y ponlo en práctica, esto es fundamental.
- Leé solo las áreas que más te llamen la atención y que puedas poner en práctica en tu rutina diaria.
- Puedes enfocarte en la estrategia interna o externa dependiendo del momento en que estés viviendo.

- Empieza a leerlo desde el final hasta el principio, para que veas un enfoque distinto de la estrategia.
- Reúnete con una persona que esté en la misma condición que tú y estudien el libro juntos y pónganse metas de logros de las estrategias explicadas y las que ustedes escojan.
- Cada día escoge tres estrategia al menos (pueden ser hasta cinco) y desarróllalas para poder ponerlas en práctica.
- Si ya conseguiste trabajo (y lo harás te lo puedo asegurar, si pones en práctica lo que te comparto en el libro) ayuda a otro que aún no haya encontrado trabajo y no lo esté pasando bien. El ayudar a otro desinteresadamente es una forma real y concreta de agradecer a todos los que te han ayudado y además tú nunca sabes las vueltas de la vida.
- Si ya hiciste todo lo anterior y estás trabajando, ¡Felicitaciones! ahora puedes regalar este libro a alguien que lo pueda necesitar.

Antes de comenzar a leer este libro, mi experiencia.

No hay mejor forma de escribir un libro que sea en base a tu propia experiencia. Bueno este libro que hoy tienes en tus manos habla justo de eso, de mi experiencia y de todo lo que aprendí a lo largo de 11 años después de haber sido "invitado" a dejar la empresa en la que había estado durante 15 años y tres países en los que viví y en los cargos que ocupe de gerencias de áreas y la gerencia general de un país.

Logré todo lo que se podía lograr en términos profesionales de metas, objetivos, premios, reconocimientos, dinero, viajes, "glamour", etc., pero que finalmente quedaron en la nada una vez que la puerta de la empresa quedó atrás y se cerró.

Quiero que entiendas que sé por lo que estás pasando, entiendo los sentimientos encontrados, las frustraciones, la vergüenza de ya no ser "Top" y de ver que la gente que "eran tus amigos" ya no estaban ahí. Que una gran mayoría de los que apoyaste o ayudaste, no se acuerdan de ti. Conozco ese sentimiento de temor al tener que "reinventarse" o comenzar de cero, empezar a buscar, lo entiendo y conozco perfectamente.

Todo esto que te comento, es porque sé firmemente que este libro te va a ayudar ya que es el resultado de un recorrido largo, difícil, pero de mucho aprendizaje y de aprender a ver cosas que no había visto, entender nuevos conceptos, conocer gente que no había conocido, y aprender que mi valor y mi aporte como persona y profesional no dependen del nombre de la empresa y organización sino de todo lo que tienes para dar y crees que puedes dar. Creer que lo que puedes hacer a pesar de las dificultades, pero que es posible.

Todo lo que encontrarás en este libro no son teorías, sueños, o "lo que alguien me contó", o que leí en un libro de autoayuda, sino ideas y estrategias reales aplicadas todas en la vida real en la estrategia de búsqueda de un nuevo empleo en mi vida personal y en todas las personas profesionales y trabajadores a las que les he apoyado en sus propios procesos de búsqueda.

Léelo detenidamente, con muchas ganas, reflexiona cada idea y aplica la estrategia que quieras, pero hazlo, prueba las que no te gustan, aplica las que crees más válidas para ti, no tienes nada que perder, pero si mucho que ganar

Te deseo el mayor de los éxitos en este camino, te va a ir bien.

Claudio Calderón
Enero 2020
Santiago de Chile.

PREPARACIÓN DE LA ESTRATEGIA

Detente a pensar por un momento, en la situación en la que estás ahora, todo en la vida bueno o malo tiene un propósito y estás a pasos de descubrirlo.

Todo tiene un propósito aunque te cueste entenderlo, aunque te cueste aceptarlo, la situación en la que estás ahora tiene un propósito en tu vida que impactará a muchos de los que te rodean y de los más cercanos. Entonces lo que debes hacer es enfrentar esta situación que tú tienes ahora de una forma especial. Por lo tanto tómate este tiempo de búsqueda y de replanteo profesional como una forma de encontrarle un propósito a tu vida y también un propósito a lo que debes hacer para con los demás.

Muchas veces en la vida, cuando las cosas no andan como quisiéramos que anden, o salen totalmente distinto a lo planeado, es cuando se abren nuevas oportunidades para aprender lo que no imaginábamos, o conocer lo que somos capaces de hacer.

No dejes de buscar trabajo con la excusa de que no hay trabajo debido a la pandemia y a la crisis actual que estás viviendo.

Una de las peores excusas para poder encontrar trabajo es echarle la culpa a la crisis, a la pandemia, a la enfermedad, a la situación política, a la situación social, al clima, a la abuelita, a la salud de mi perrito, a mi ignorancia, etc. El único responsable hoy de no encontrar trabajo eres tú, por lo tanto tú debes generar estrategias y debes generar toda la gestión necesaria para poder emprender esta búsqueda y encontrar el trabajo que tú hoy necesitas.

Hace poco me tocó asesorar en empleabilidad a un profesional que había estado buscando trabajo por cerca de un año. Sus compañeros de trabajo que también habían sido despedidos ya estaban trabajando y le pregunté ¿no te parece algo extraño que ellos ya tengan un nuevo trabajo y tú no?. Conversamos de todo lo que había hecho y lo que no había hecho todavía respecto a estrategias de búsqueda y le dí nuevas ideas de estrategias que él no había implementado. Le di tareas para realizar y metas que cumplir para ayudarlo.

Tristemente esta persona después de varios días de no haberse comunicado conmigo, de no haberme respondido ni dar señal de vida, me envió un mensaje diciendo que realmente no había hecho nada, que tenía otras prioridades pero que reconocía su falta de involucramiento y que le molestaba el solo hecho de pensar que no había cumplido lo que le pedí, ni considerado la estrategia propuesta.

Esto solo hizo confirmar mi teoría de que si bien muchas veces las cosas no salen como uno lo planeó, nunca se logrará el objetivo si ni siquiera se hizo el esfuerzo de escribirlo en un papel y como consecuencia aplicarlo. La persona no tenía trabajo todavía, porque no estaba realmente interesado ni involucrado realmente en la búsqueda. ¿Puedes creerlo?. Pero lo triste es que es una historia real que se repite.
¿Es tu caso?

Ten una actitud positiva y piensa lo mejor. Todos se darán cuenta si llegas a un proceso desanimado, frustrado y con una actitud pesimista.

Seguramente estarás diciendo "ahí vamos con ese concepto new age" pero ¡para nada!. Lo peor que te pueda acompañar en el gran desafío de buscar trabajo en este período de crisis, es tener una pésima actitud y que lo demuestres a todos los que se encuentren en tu camino. Hay personas que son expertas en mostrar y dar lástima y creen que con esa actitud podrán encontrar un nuevo trabajo, y que las puertas se abrirán casi de forma automática.

Escucha bien esto: Ningún reclutador, ninguna empresa quiere personas que se sienten fracasadas. Aunque nos duela, y nos moleste, las empresas no están en búsqueda de perfiles pesimistas y angustiados. Esto lo veremos más adelante en otros puntos que están relacionados a esto, pero empieza a cambiar tu actitud negativa aunque no sea fácil, aunque te cueste, pero es parte de este proceso de estrategia de búsqueda.

Bien pero ¿cómo tengo o desarrollo una actitud positiva si estoy pasando tal vez por uno de los peores momento de mi vida?. Tu me dirás bueno, es que no es fácil, tengo todo en contra, etc.. Lo sé, por eso te digo que debes si o si empezar a trabajar la forma de cómo reaccionas y muestras tu actitud. ¿Qué debo hacer?

No importa la edad que tengas, las oportunidades están aunque no las veas.

Sé que hay muchas personas que dicen que la edad es importante y si bien es cierto hay matices pero que eso no sea un elemento que te impida buscar alternativas.

Buscar opciones que te permitan encontrar el trabajo indicado. También es importante entender que hay trabajo para todo tipo de personas por lo tanto hay trabajo para todo tipo de edades, he visto encontrar trabajo a gente muy joven y también he visto encontrar trabajo a gente con muchos años de edad, tal vez no sea lo más fácil pero jamás es imposible todo va a depender de la actitud que tengas y de fuerza que le dediques.

Diseña e implementa tu propio mapa de carrera, tu ruta, tu camino.

Esto básicamente es un mapa físico que permite saber con exactitud adonde vas a ir y cómo quieres llegar a ese lugar en términos sencillos, por ejemplo perfectamente podrías utilizar el método canvas en donde tú puedes ir desarrollando en detalle subtemas en donde vas a poder ir visualizando dónde quieres estar en qué momento a donde quieres llegar. Sin un mapa de carrera es muy difícil que puedas llegar a un lugar porque no tienes cómo llegar, esto es tan simple como un mapa físico en donde tú te propones llegar un lugar pero no sabes donde es ese lugar ni cómo crees llegar, aunque suene obvio, es importante que lo tengas.

No tengas vergüenza de decir que estás buscando trabajo, pero se creativo al decirlo.

"Estoy sin trabajo, sin pega, sin laburo", "no sé qué hacer, estoy desesperado", etc.. Son las cosas que si bien son una realidad en este momento, debes superar y cambiar tu lenguaje y comunicación.

"Estoy en un período de transición laboral o en búsqueda de nuevos proyectos profesionales", pero al final de cuentas, estás buscando trabajo.

Hay personas que tienen vergüenza al decir que están buscando trabajo piensan tal vez que son indignos, que tienen "mala suerte" pero no saben que muchas personas, cientos de miles millones de personas en el mundo a lo largo del historia han estado desempleados, han estado sin trabajo, esto puede parecer duro puede parecer triste pero lamentablemente los únicos que no saben lo que significa estar desempleado son los que nunca han estado desempleados aunque parezca obvio.

Tal vez puede servirte como ánimo, saber que muchas personas que hoy están entrevistando y están en posiciones importantes, ellos mismos han estado desempleados, por lo tanto muchos entienden tu situación. Las vueltas de la vida son duras y nunca sabes lo que puede pasar. Por lo tanto tienes que salir a buscar trabajo sin vergüenza sin miedo y sin ningún tipo de traba que te permita con total libertad decir que estás buscando trabajo nuevamente.

Es muy importante la actitud que tú tomes al enfrentar esta situación porque si tu dices por ejemplo: "estoy mal estoy sin trabajo no encuentro soy un desastre, he fracasado, estoy en la peor situación del mundo" etc., todo eso no te va a servir para poder presentarte de una forma digna.

Cierra las heridas que te dejó tu antiguo empleo.

Más allá de cómo hayas terminado, procura cerrar cualquier "herida" que haya quedado. Siempre se piden referencias.

Una de las grandes trabas en la búsqueda de trabajo es cuando todavía existen heridas abiertas en relación a tu trabajo interior. Estas heridas abiertas pueden tener relación con la persona que te despidió. Puede ser con un jefe, puede ser con un colega, puede ser con la empresa, pero por alguna razón tú saliste de esa empresa y todavía existen heridas profundas abiertas que te generan tristeza, que te generan frustración y que lamentablemente son percibidas en el momento de la entrevista.

Siempre habrá una persona que va a preguntar, porque notó y percibió que no saliste bien de la empresa y esto va a jugarte en contra, por lo tanto en esta lección y en este punto, es que tú resuelvas pronto lo que vas a decir, que puedas sanar, que puedas limpiar esas heridas de tu trabajo anterior para que definitivamente puedas comenzar esta nueva etapa de búsqueda sin heridas abiertas sin heridas infectadas que van a ser percibidas totalmente por aquella persona que te va a entrevistar.

Se dice que "Perder un trabajo es tan traumático como perder a un ser querido o la separación de un matrimonio", para entender esta afirmación debes haberlo vivido, por lo que se entiende que ha habido un trauma, un golpe profundo pero debes salir pronto de ese estado de auto conmiseración y autoflagelación.

Contacta a personas que te conozcan profesionalmente para que den referencias (buenas) de ti.

Son las personas que podrían ser contactadas para solicitarles información.

Todos hemos generado una gran cantidad de personas a lo largo de nuestra vida, conocidos algunos de ellos, otros solo compañeros de trabajo, tal vez de forma más profunda y selectiva, amigos compañeros de trabajo y sería interesante que pudiéramos tenerlos cerca para que ellos puedan dar referencias respecto de nosotros en el caso de que lo soliciten.

Es muy frecuente que en los procesos de búsqueda laboral, en el proceso de entrevistas y principalmente cuando el proceso ha avanzado, se pida referencias y tienen que ser referencias reales. Todos los que de alguna manera hemos estado haciendo entrevistas, cuando pedimos referencias nos damos cuenta de aquellos que son muy amigos o que son referencias de personas que nunca van a hablar mal de ti ni que tampoco van a dar algún tipo de comentario negativo, pero es importante que tengas personas cercanas, profesionales conocidos que puedan dar referencias buenas, objetivas y comentarios verdaderos respecto de ti como profesional.

Una tarea:

- Si tienes dudas, llámalos, conversa con ellos, aclara puntos que pudieran haber quedado pendientes.

- Invítalos a tomar un café, nadie es tan malo como para no aceptar una invitación para aclarar cosas.
- Reconocer errores aunque puedan ser pequeños, tal vez si cometiste un error.
- Si no cometiste errores, reconoce que pudiste haber hecho mejor las cosas, uno siempre puede aprender.
- Si no puedes reunirte, llama a la persona que era tu jefe, superior, etc. Conversa con esa persona y aclara todo lo que sea necesario. No pierdes nada.

Mi mamá me decía, "Lo cortés no quita lo valiente" y eso se puede aplicar para muchas cosas en especial esta.

Las referencias que se piden, muchas veces no son las que tu das, sino las que la empresa cree que son verdaderas y objetivas: secretaria, guardia, gerente de otra área, no necesariamente tu jefe directo.

Si crees que las referencias que tú das van a ser usadas por la empresa en la que estás en proceso de búsqueda, es muy probable y va a suceder que sí, pero también ten en cuenta que muchas veces los profesionales de búsqueda, si están haciendo bien su trabajo, van a pedir referencias no solamente de aquellos que te conocen muy bien, si no también de aquellos que se relacionan contigo por ejemplo el encargado de seguridad, el portero, la gente del área de aseo, etc.

Ellos se contactan con esa gente. Puede haber algún momento que llamen a las personas de otras áreas, el mundo es chico pero ellos van a estar preguntando, por lo tanto asegúrate de que la persona con la que tú trabajas o con la que trabajaste pueda dar referencias de ti, por lo tanto esto no lo olvides y no pienses que solamente van a pedir referencias de aquellos que de los cuales tú das. Todos los que te piden referencias, saben que tu eres selectivo, y harán un trabajo investigando, si es que hacen bien su trabajo.

Unos consejos:

- Siempre trata con respeto a todas las personas de la organización. Ellas te ven todos los días y ven cómo te comportas.
- Piensa en ellos como aliados en tu carrera profesional, no los trates a menos.
- Salúdalos y conversa con ellos (gente de otras áreas, personal de aseo, seguridad, transporte, etc) como si fueran y son parte de tu equipo y vitales para el desarrollo de la organización.
- Trata a todas las personas como tú quisieras ser tratado.

ACCIÓN

No hables mal de tu antiguo empleo o empresa, te dió una oportunidad cuando la necesitabas.

Algo que es fundamental y muy importante pero nunca está demás recordar es que no hables mal de tu antiguo empleo o empresa. Este es un error terrible independiente que la empresa con la que hayas estado haya sido una mala o buena empresa más allá de los problemas que hayas tenido, tienes que entender que esa empresa en algún momento te dió una oportunidad, se generó una relación de trabajo en conjunto y esa empresa pagó por tus servicios y bien si por alguna razón ya no estás trabajando en esa empresa es importante que tú como dijimos en un punto anterior cierres una herida.

Cierra un ciclo, nunca hables mal de tu empleo anterior destaca las cosas positivas, destaca lo que aprendiste, destaca todas aquellas cosas que fueron buenas para ti porque algo aprendiste sea de lo malo o de lo bueno pero recuerda no hables mal de tu empresa anterior.

En este punto vale la pena aclarar que no se trata de mentir respecto de tu antiguo empleo, sino de ver lo positivo, es la mirada con que se enfrentan los desafíos vividos y las cosas malas y buenas que pudieras haber hecho.

Las personas que se encuentran en las áreas de reclutamiento, normalmente vienen del área de psicología organizacional y han pasado por el área clínica y tienen mucha experiencia en detectar aspecto del discurso cuando están en una entrevista, en donde la persona está ocultando cosas o no quiere decir toda la verdad. Por eso es importante resolver tus sentimientos y pensamientos negativos hacia tu trabajo y empresa anterior. Recuerda, busca y resalta todo lo positivo, porque eso siempre existe, aunque sea en un pequeño porcentaje.

Te recomiendo lo siguiente: escribe todas aquellas cosas positivas de tu empresa o trabajo anterior. Siempre hay cosas positivas que rescatar, no todo es malo ni nunca todo es bueno, has un listado de al menos una cinco cosas positivas, haz el ejercicio, vale la pena.

El estar desempleado, te abre nuevas posibilidades que jamás te habrías imaginado, vas a crecer como persona y profesional.

"Muchos de los que hoy están empleados y trabajando activamente, serán despedidos en los próximos cinco años" (Borja Vilaseca).

Aunque no lo creas el estar desempleado te abre nuevas posibilidades que jamás te habrías imaginado. Uno preguntaría: ¿pero cómo es posible esto ya que no es mi mejor momento?: "tengo compromisos económicos, tengo una familia, tengo desafíos, mi orgullo, mi autoestima está por el piso, pero independiente de eso el estar desempleado te va a permitir entender cosas que antes no entendías y ver oportunidades que antes no veías.

Todo este proceso de búsqueda de un nuevo trabajo, te confrontará con tu orgullo, autosuficiencia, el tener todo controlado, el ser el centro y no necesitar a nadie. Ahora necesitas a todos los que te puedan ayudar y apoyar en el proceso.

Te lo puedo decir por el ejemplo de mucha gente en muchas partes del mundo que gracias a haber quedado desempleados pudieron encontrar un nuevo trabajo, un nuevo desafío por encontrar aquel trabajo que ellos estaban buscando y finalmente la oportunidad de desarrollarse y crecer como persona que le brindó esta situación, por lo tanto toma esto como una tremenda oportunidad de aprendizaje. No está mal que estés desempleado, es parte de la vida, y hay que vivirlo.

Conviértete en consultor o asesor independiente, aunque sea por un breve tiempo. Esto te abre puertas futuras.

Una de las estrategias claves en estos procesos de búsqueda y de empleabilidad es que te conviertas en un consultor o un asesor, un área que tú manejes a la perfección, esto seguramente va a ser por un tiempo breve no es que esto sea algo definitivo pero te va a permitir abrir puertas y va a permitir que gente que no te conoce te pueda conocer.

En mi caso puedo contar la experiencia de que muchas veces en mi proceso personal de búsqueda me transformé en un consultor y ofrecí mis servicios en vez de buscar empleo obviamente hubieron puertas que no se abrieron pero hubieron otras varias puertas que se abrieron y que me permitieron entrar como consultor.

Recuerdo una experiencia específica en donde me ofrecí como consultor y contrataron mis servicios de coaching de liderazgo, que finalmente permitió que los dueños de la empresa me conocieran en vivo y directo y permitió que la gente conociera como trabajaba, mi desempeño, mi relación con los demás, mi nivel de resultados. Hubiera sido imposible si solo hubiera estado buscando un empleo o buscando un contrato a plazo, pero mi trabajo como consultor permitió a las personas ver mis resultados y además conocerme en la práctica en un contexto real del negocio.

Al cabo de unos meses de mi trabajo como consultor de liderazgo, el directorio de la empresa me ofreció el cargo de gerente de recursos humanos (área en la que nunca había trabajado antes, pero tenía un buen manejo de los conceptos) cargo que ocupé por dos años hasta que tomé un nuevo proyecto.

Tareas:

- Crea una imagen institucional y corporativa para tu especialidad.
- Manda a imprimir tarjetas de presentación, pero de calidad.
- Desarrolla o haz que un profesional te desarrolle una página web personal profesional.
- Ten una carpeta de presentación bien hecha, profesional y de calidad.
- Todo esto hace la diferencia y principalmente tu actitud.

Desarrolla una marca personal. debes conocerte y que eso permita generar una marca de valor agregado, única.

"El título de una carrera fué para el siglo 20, lo que tu marca personal lo es para el siglo 21" (Borja Vilaseca). Esta frase la escuché una vez y la verdad que me impactó profundamente ya que rompe muchos paradigmas y modelos mentales que tenemos preconcebidos de lo que significa ser empleable y un profesional con oportunidades.

El lebschool, se refiere a la marca personal con la siguiente descripción:
"La marca personal es la huella que dejamos en los demás y el recuerdo que estos tienen de nosotros, siempre que intervenimos en una situación puntual dejamos un rastro, este rastro aunque sea percibido de tantas formas como personas presentes, podemos trabajarlo y enfocarlo de una forma que nos beneficie. Con la información que ponemos a tu disposición sabrás qué influye en nuestra marca personal, cómo mejorarla y acciones concretas para trabajarla."
Tom Peters fue el primero en desarrollar el concepto de "Marca Personal" y todo lo que eso implicaba.

En resumen es la identidad que queremos transmitir y dejar en las personas, muchas veces lo hacemos en forma consciente o inconsciente, pero queramos o no lo hacemos con nuestra presencia, modales, forma de hablar, forma de comunicar, nuestros comentarios, es decir todo lo que encierra nuestro comportamiento tanto en forma personal como en las redes sociales, todo habla y todo deja una marca de que lo que queremos o no queremos mostrar. No significa que muestre solo lo que somos, pero es lo que los demás entenderán de lo que somos.

Al hablar de "marca personal", hay que tener en cuenta los siguiente elementos claves que debe contener:

- Tener clara tu propuesta de valor, para qué eres bueno, lo que puedes aportar.
- Que tú conozcas muy bien tu elemento diferenciador y como puede servir a otros. Qué es lo que te hace diferente y mejor que otros.
- Conocer tus proyectos realizados, los aportes que hiciste, cosas concretas.
- Aspecto personal.
- Formación constante.
- Plan de carrera.
- Red de personas, tus contactos cercanos como los de Linkedin.
- Que seas creíble, no conocido como un hablador, payaso o "chanta".
- Valores claves con los que cuentas: Integridad, Legado, Honestidad, Responsabilidad.
- Tu imagen cuidada en las redes sociales.
- Ser tú mismo y no copiar a otros.
- Ofrécete como "valor agregado" a la organización que estás buscando.

Aunque cueste entenderlo en este momento, eres además de una persona, un producto de alto valor agregado, no un commodity que se puede encontrar en cualquier lado, eres alguien que puede entregar lo que otros no entregan o no tienen.

Hay muchos buscando trabajo, muchos profesionales, muchos ingenieros, muchos técnicos, pero solo uno como tú. Eres especial y único, por lo tanto, tienes que definir qué es lo que te caracteriza o te define como persona y como profesional.

Lo que las empresas buscan es alguien que solucione sus problemas, resuelva lo que nadie puede hacer, que descubra las cosas que hay que mejorar, que sea alguien que marque la diferencia.

En síntesis, las empresas no buscan más de lo mismo, ya lo tienen y por lo tanto buscan alguien que sea realmente diferente, que rompa los paradigmas de lo que ya conocen.

Tu elemento diferenciador. Conócelo perfectamente, en detalle.

Es muy importante que antes de presentarte a cualquier entrevista de trabajo tengas claro cuál es el elemento o cualidad que te diferencia del resto de los postulantes. ¿Qué puedes ofrecer tú a la empresa?. ¿Para qué eres bueno?. ¿Por qué deberían contratarte a ti?.

Aunque suene duro, para las empresas tú eres un producto. Ellos están buscando un profesional que pueda resolver sus problemas y a la vez aportar con nuevas ideas para su plan de trabajo.

Preguntas:

- ¿Cuáles han sido tus mayores logros e implementaciones?
- ¿Porqué deberían contratarte?
- ¿Qué tienes de bueno que te diferencia de los demás?

Estas tres preguntas debes contestarlas y tenerlas claras en tu mente y creerlas.

Por eso es fundamental que elabores un buen argumento para convencer al reclutador de que tú eres el indicado para el cargo.

Te recomiendo que empieces a pensar respecto a tus cualidades, recurre a tus logros obtenidos en trabajos anteriores y si no los tienes no inventes y menciona cómo podrías aportar de acuerdo a tus conocimientos al desarrollo y al crecimiento de la empresa a la que deseas ingresar. Una buena estrategia es investigar cuáles son sus fortalezas y debilidades, y desde ahí comienza a elaborar una estrategia de trabajo que puedas mencionar cuando el reclutador te pregunte.

Recuerda, es fundamental que busques la forma de diferenciarte del resto de los candidatos con una idea innovadora o una característica única para que la empresa fije sus ojos en ti y te contrate.

Tarea:

- ¿Cuáles han sido mis mayores logros y aportes en las organizaciones?
- Realmente ¿Por qué deberían contratarme?
- ¿Qué tengo diferente respecto a todos los otros candidatos?
- ¿Puedo contribuir de cualquier forma a la empresa u organización que me contrate?

¿Cómo logro que me entrevisten? Debes hacer todo lo posible para que eso ocurra.

Conseguir una entrevista de trabajo no es fácil. A menudo los reclutadores o gerentes de recursos humanos reciben cientos de currículums que muchas veces no tienen tiempo de leer. Está comprobado que buscar un empleo de forma remota a través de portales de trabajo tiene un nivel de éxito de un 10% o incluso menos. En palabras simples, si utilizas este método y te quedas esperando a que te llamen es prácticamente imposible que consigas el trabajo de tus sueños.

En base a lo anterior, podemos suponer que conseguir una entrevista laboral es aún más difícil. De ahí entonces surge la pregunta: ¿cómo consigo una entrevista?. Lo primero que se recomienda en este caso es darte a conocer ante las empresas, conseguir el contacto de los gerentes de recursos humanos o encargados de selección de personal y escribirles, háblales sobre tu interés de trabajar en su empresa y si es posible visitarlos personalmente en cada industria.

Para realizar una visita efectiva y provechosa a las empresas donde deseas ingresar a trabajar, es recomendable que prepares una buena carpeta que contenga tu curriculum y una carta de presentación personalizada para cada industria a la que irás, esta simple acción es muy bien vista por los reclutadores y los gerentes de personal ya que demuestra seriedad, profesionalismo y tu interés y ganas de ingresar a trabajar a su empresa.

Además es muy importante que al momento de presentarte seas honesto, si no pudiste agendar una cita con anterioridad no mientas y pide una oportunidad de forma respetuosa y humilde. Si no se puede en ese momento, muestra disposición para asistir en la fecha que ellos te indiquen.

Conseguir una entrevista de trabajo es un paso fundamental para la obtención de un buen empleo y por lo tanto requiere que lo abordemos con la mayor seriedad, profesionalismo y dedicación posibles. Una buena entrevista es la primera de muchas pruebas a superar antes de conseguir el empleo de tus sueños, así que prepárate y no la desaproveches.

Tareas:

- Busca nombres de contacto claves en las empresas.
- Envía cartas a esas personas o correos electrónicos.
- Conversa con contactos y amigos si es que conocen contactos en las empresas.
- Prepárate para la entrevista en video o videoconferencia, ahora será más habitual que nunca. Que no te agarre desprevenido.

Antes de realizar la video entrevista es importante que te informes sobre el cargo que pretendes ocupar. Aunque tengas muchos conocimientos al respecto, debes responder las preguntas de forma satisfactoria para que te tengan en cuenta. Pero sobre todo, lo más importante, es producir un vídeo en condiciones óptimas.

Para asegurar la calidad de tu videoentrevista te propongo algunos consejos:

- Prepara el fondo. La escena en la que vas a aparecer tendrá mucha influencia en el resultado final del vídeo. Te recomiendo un fondo blanco genérico o, como mucho, mostrar algún elemento relacionado con el puesto de trabajo. Cuantos menos estímulos haya detrás de ti, mejor.

- Practica la dicción. La vocalización es un aspecto fundamental a la hora de grabar una video entrevista. Si crees que tienes problemas de dicción, práctica ante el espejo antes de lanzarte a grabar. Tu mensaje debe entenderse perfectamente para que llegue a la empresa.

- Comprueba el sonido. Realiza la videoentrevista en una habitación aislada o insonorizada. Comprueba que el micrófono funcione y que la salida de audio sea buena. Por último, intenta que solo se escuche tu voz para dar una sensación profesional.

- Da buena imagen. Ten en cuenta que, aunque la entrevista no es presencial, se tendrá en cuenta que tengas buena presencia. Algunas empresas serán más conservadoras que otras, pero siempre debes dar una imagen positiva.

- Ilumina el lugar. Una buena iluminación dará la sensación de que eres una persona abierta. Además, tu rostro se verá con claridad.

- Asegura la conexión. Comprueba que la conexión a Internet funciona correctamente antes de empezar. Ten en cuenta que las metodologías se basan en una plataforma online.

- Mira a la cámara. Como en una conversación real, la mirada es un factor crucial. Debes mirar a cámara como si se tratara de tu interlocutor. Así, mostrarás seguridad en ti mismo. (https://dtagency.tech/8-consejos-realizar-videoentrevista/)

- Y aunque sea obvio, practica mucho, con mucha gente, en el espejo, grabando, etc. Pero practica porque de eso depende la imagen que dejarás en la entrevista.

Busca trabajo como si tu vida dependiera de ello, y en gran parte si depende de ello.

Muchos dirán que es un poco exagerado hacer esta afirmación pero aunque lo parezca no está lejano de la realidad ya que para muchos el encontrar un trabajo es de vital importancia y casi irremplazable. Pero esto es importante entenderlo porque si no lo tomas de esta manera, pasarás horas y horas haciendo cualquier otra cosa que no te llevará a la meta de encontrar trabajo. La tentación de pasar horas viendo Netflix, Amazon Prime, jugando video juegos, etc., te llevará a desviarte del propósito principal de las horas que tienes y el cómo usarlas.

Al levantarte y acostarte debe estar en tu cabeza y pensar en la próxima estrategia y cómo la aplicarás. Me gusta mucho comentar que deberías pensar que tienes un tiempo de vida y que el doctor te dice "te quedan 60 días de vida" y que la única forma de poder salvarte, es decir, la cura a tu enfermedad, es encontrar un trabajo. ¿Qué harías?. ¿Te quedarías cómodo en tu casa descansando y disfrutando de la vida?.

Te doy otro ejemplo duro: si la vida de un ser querido, muy cercano dependiera de pagar las cuentas de su tratamiento médico, los gastos del seguro de salud, etc. y la única posibilidad de poder salir adelante es consiguiendo un trabajo en el menor tiempo posible, ¿qué harías?, ¿te quedarías en tu casa sufriendo sin hacer nada?. Creo saber tu respuesta en este momento y la respuesta sería que obviamente saldrías como un psicópata a buscar trabajo con el fin de salvar a tu ser querido o curarte de la enfermedad como te dije en el primer ejemplo.
Por lo tanto, ten esa actitud no de desesperación, sino de preocupación y ocupación en este gran desafío de buscar trabajo.

Me ha tocado asesorar y realizar coaching de empleabilidad a muchas personas y recuerdo muy bien a aquellos que no se dedicaron con energía o fuerza a realizar acciones para encontrar trabajo. A algunos yo les enviaba trabajos y objetivos para que los cumplieran en un determinado plazo para ver hasta donde estaban realmente interesados y preocupados, y eso nunca sucedió, solo habían excusas por lo que quedaba claro por qué no encontraban trabajo, no estaban haciendo todo lo necesario para encontrarlo, no entendían la importancia de trabajar duro y exigirse a sí mismos.

Tareas:

- Ponte metas, objetivos personales.
- Escríbelos en un lugar en donde los puedas ver diariamente, en todo momento.
- Lee tus metas y objetivos diariamente.
- Crée lo que estableciste de metas y objetivos.
- Haz seguimiento diario del cumplimiento o no de tus metas.

- Prémiate si es que has cumplido con las metas.
- Si no cumpliste con tus metas, se tardará el logro del objetivo que es encontrar un nuevo trabajo.

Si quieres obtener resultados diferentes, debes hacer las cosas de forma diferente.

"SI BUSCAS RESULTADOS DISTINTOS, NO HAGAS SIEMPRE LO MISMO". Esta cita es atribuida habitualmente a Albert Einstein.

"La cita completa suele ser «*locura es hacer la misma cosa una y otra vez esperando obtener resultados diferentes. Si buscas resultados distintos, no hagas siempre lo mismo*». No obstante, no está claro el autor de esta célebre frase y puedes encontrar atribuciones de lo más variadas, desde el Mariscal Rommel hasta la escritora Rita Mae Brown. En cualquier caso, no se puede negar que la frase es una genialidad, digna del mismísimo Einstein (Silvia Bautista. Psicóloga. Collado Villalba, Madrid.)

Esta es la primera regla, el primer paso para encontrar solución a muchas de tus preguntas, dudas y frustraciones, puede parecer simple pero no lo es, de hecho muchos de los que siguen haciendo lo mismo, les puedo garantizar el 100% que obtendrán los mismos resultados e incluso peores: No encontrar trabajo.

Nadie puede buscarte trabajo o prometerte encontrar un empleo, esa tarea es solo tuya y tu exclusiva responsabilidad.

Pueden ayudarte, pero finalmente si tu no te dedicas personalmente a buscar trabajo en forma intensa, lo más probable es que no lo encuentres. Es tan fundamental este proceso de búsqueda laboral que si alguien te promete que te "conseguirá" trabajo, te está mintiendo. He escuchado de empresas, consultoras que dentro de sus programas de venta de coaching y asesorías de empleabilidad, ofrecen "ayudarte" en la búsqueda proveyendo contactos, empresas, postulaciones, etc..

Todo eso lo hace teóricamente una persona "a cargo", pero este tipo de metodología no genera mucho resultado porque esa persona no está sufriendo la situación de estar desempleado y seguramente deben tener varios profesionales en programa a lo que les hagan la misma gestión.

No voy a decir que no sirva esta gestión, porque todo sirve, pero tú no puedes descansar en que otros te estén buscando trabajo y de esa manera te quedes tranquilo, cuando la verdad que lo más efectivo es que tú mismo hagas la gestión de búsqueda laboral y tu vayas midiendo los resultados. Solo tú eres responsable de la estrategia y de la búsqueda de trabajo, no otros.

Sal de tu casa (si puedes) a un café, biblioteca, mall y busca perspectivas, visiones, siéntate y piensa tu estrategia para encontrar trabajo.

No te quedes en tu casa si has sido desvinculado (despedido), sigue una rutina diaria, con horas y acciones establecidas. Si tu caso es que ya has estado buscando por mucho tiempo, esta estrategia también aplica y te permitirá "oxigenarte" y abrir tu mente, tus pensamientos. El ir a un café, una plaza, una biblioteca o cualquier espacio abierto o cerrado fuera de tu entorno te dará una perspectiva amplia y diferente y te dará también ideas, estrategias, que podrás implementar en tu estrategia de búsqueda.

Lleva un diario o registro escrito de todo lo que estás haciendo cada día, rutinas, trabajos, contactos, metas, objetivos, pensamientos, pendientes, logros, etc.

Puede ser que no estés acostumbrado a llevar un registro de actividades, no hablo aquí de un "diario" de memorias o algo así. Me refiero a un registro de las acciones, trabajos, entrevistas, pensamientos, ideas, etc.. Este es un ejercicio muy bueno para la mente y para el espíritu porque con el tiempo irás viendo aquellas cosas que hiciste, lo bueno, los errores, las cosas que sirvieron y las que no sirvieron.

Es un muy buen ejercicio volver a revisar esos cuadernos o agendas del tipo Moleskine, Leuchtturm, cuaderno universitario, agenda, etc.. Lo que sea, pero que lo puedas tener a mano y siempre disponible para escribir tus nuevas ideas, estrategias y pensamientos. No es necesario escribir grandes párrafos o varias hojas en un mismo día, no. Son pensamientos estratégicos cortos y concretos. Hazlo, vale la pena, es un excelente ejercicio mental y espiritual.

Tareas:

- Consigue un cuaderno, una agenda, lo que sea y escribe todo.
- Describe los logros y las frustraciones, lo que no sirvió y lo que sí.

- Escribe ideas de cosas que puedes implementar.
- Ponle fecha, hora, lugar, etc., que te permita hacer un seguimiento.

Debes estar dispuesto a reinventarte, aunque sea por un tiempo determinado.

En un mundo ideal, todos quisiéramos obtener el mejor trabajo posible, con las mejores condiciones posibles, y en un ambiente que nos permita crecer y desarrollarnos en nuestro máximo potencial. Pero como dije "en un mundo ideal" y hoy no estás en un mundo ideal por lo que tendrás que reinventarte y sacar todo aquello que no estaba desarrollado. Hoy tienes una tremenda oportunidad de mostrar de lo que eres capaz e incluso te sorprendería ver que aún tú podrías hacer ciertas cosas que no estaban en tu plan estratégico.

Ahora es clave que entiendas qué significa reinventarte ya que puede sonar muy repetido y que incluso tú no creas este concepto, ni sabes muy bien cómo aplicarlos a tu vida y trabajo. Entonces te voy a dar algunas de las ideas que significan reinventarse para que las tengas en cuenta y las puedas poner en práctica:

- Aprender algo nuevo.
- Reconocer tus limitaciones.
- Tomar un curso en alguna materia o especialidad de tendencia.
- Aprender un oficio nuevo.
- Buscar en áreas o industrias desconocidas.
- Estudiar nuevos mercados y tendencias.
- Ofrecerte a trabajar en áreas en las que puedes aportar tu experiencia pero no conoces muy bien.
- Postularte en cargos que no sean 100% dentro de tu perfil.
- Postular a empresas pequeñas si trabajabas en empresas grandes y viceversa.

Es posible que tengas que trabajar en lo que no te gusta, pero puede llevarte a una sorpresa inesperada.

Es una realidad que no siempre te gustaría vivir, pero la experiencia indica que gran parte de las personas a nivel mundial, les ha tocado trabajar en lugares que no son de su total agrado. Aquí les comparto un extracto muy interesante que explica este fenómeno:

"Hay miles de estadísticas como la macroencuesta realizada hace dos años por la empresa Gallur, que recogió datos de 140 países, en las que se llegó a la conclusión de que sólo al 13% de los trabajadores les gusta el empleo que realiza. "Cuando estudiamos nadie nos garantiza que fuésemos a encontrar un trabajo que nos gustaría", explica Cristina desde el departamento de RRHH. "Pero si me formaba siempre iba a tener más posibilidades de encontrarlo que si no lo hacía".

Hoy, es casi una de las premisas de esta mujer acostumbrada a realizar entrevistas de trabajo "en las que hay una palabra que puede con todo: necesidad". La prueba podría ser Darío que, como vigilante de seguridad, ha encontrado una estabilidad que tal vez sea imposible en otros campos. "Pero hasta en esto, me he tenido que mover mucho hasta encontrar un buen sitio".

"Mientras no haya posibilidades mejores, tengo claro que la inteligencia está en adaptarse". A veces, esas posibilidades no surgen nunca como empieza a intuir Javier. "Pero eso no quiere decir que deba vivir con frustración. Claro que me gustaría que, al menos, un día Manolo Lama me prestase su micrófono, una hora de radio o de televisión, pero… Hoy, me he convencido de que el trabajo es un medio, no un fin". (https://www.publico.es/sociedad/gusta-resignacion-inteligencia.html)

No sientas que aceptar una oferta en una empresa que no está dentro de tus primeras selecciones o gustos personales es bajar tus expectativas o abandonar tus sueños. Todo esto es temporal y tú puedes decidir no aceptar la propuesta y seguir buscando o tomar la alternativa provisoria y si llega después la oportunidad que buscabas, podrás tomar una decisión pero con trabajo.

Acepta trabajos a plazo fijo por períodos cortos, es mejor algo que nada y te permite estar activo y generar ingresos.

Este tipo de trabajos tal vez sean provisorios pero te permiten tener algo, no quedarte sin nada y lo más importante es que da la oportunidad de que te conozcan y que tu puedas conocer nuevas industrias, formas de trabajar, procedimiento, personas, contactos, etc.. Es un tiempo de práctica y de conocimiento.

Haz un plan estratégico, piensa y escribe cómo buscarás trabajo y qué es lo que estarás haciendo.

Planifica muy bien, no improvises. El buscar un nuevo desafío profesional, un nuevo trabajo o un nuevo proyecto de consultoría, amerita tener muy pero muy claro lo que vas a hacer. Esto es muy sencillo y seguramente lo sabes, pero probablemente no lo has hecho aún y esa es la idea que tengo para poder ayudarte en este proceso.

Este plan estratégico debe tener al menos los siguiente componentes:

- Qué es lo que quiero hacer: Un detalles paso a paso, con todos los detalles necesarios.
- Cómo lo voy a hacer: Tengo que tener claro cómo va a ocurrir lo que quiero hacer, qué es lo que tengo y qué es lo que quiero conseguir, comprar, ejecutar, contactar, diseñar, etc. Utiliza herramientas de planificación tales como calendarios, cartas gantt, lienzo de trabajo o Canvas, tablero de mando, muralla estratégica, sistema de post it, lo que sea, pero planifica todo lo relacionado a tu búsqueda de trabajo.
- Cuándo lo voy a hacer: ponte fechas, límites, plazos. Nada ocurre por azar y si no te pones fechas concretas, el logro del objetivo se va a dilatar siendo interminable.
- Donde lo voy a hacer: Esto aplica tanto desde la mirada de donde vas a planificar la estrategia o a dónde vas a apuntar la estrategia, lugares físicos.
- Quién lo va hacer. Como lo hemos mencionado nadie puede hacerlo por ti. Nadie va a planear por ti ni nadie va a buscar trabajo por ti. Es verdad que muchos te ayudarán y eso es tremendo y bueno que pase, es necesario, imprescindible. Pero otra cosa es que tus amigos y contactos lo hagan por ti. Pueden haber buenas intenciones y son sinceras, pero cada uno es responsable de su búsqueda y de dar el siguiente paso.

Si no hay un plan para lograr algo, eso no va a ocurrir, o solo va a pasar lo que tenga que pasar. Si voy a pescar sin red, sin radar, sin sonar, es decir si no has planificado tu jornada de pesca, ¿sabes lo que vas a pecar?, nada, o talvez si un zapato, una bolsa, o un tiburón cuando no era lo que querías.

Empresas e industrias objetivo. Ten claro cuales son: No puedes ni debes apuntar a cualquier cosa, porque obtendrás cualquier cosa.

Buscar trabajo es como pescar, si te preparas y lo haces bien vas a conseguir el empleo de tus sueños y si no tendrás que seguir esperando. Es muy importante que antes de iniciar una búsqueda de un trabajo tengas claro a qué tipo de empresa quieres ingresar a trabajar. ¿Cuál es el rubro al que te quieres dedicar?. ¿Qué empresas existen?.

Debes tener muy claros tus objetivos laborales para que al momento de elegir una empresa para postular dediques tiempo para preparar una estrategia dirigida específicamente hacia esa industria. Investiga a qué se dedican, cuál es su posicionamiento en el mercado, quienes son sus clientes, los jefes de área y el clima laboral y organizacional.

Otra buena forma de investigar respecto a las empresas donde te gustaría trabajar es buscando a través de LinkedIn, trata de generar contactos que trabajen dentro de éstas para hacer preguntas respecto a dichas instituciones. También es buena idea revisar los sitios Web y redes sociales de cada una, y buscar información en la prensa respecto a acontecimientos donde hayan sido partícipes ya sea de forma positiva o negativa.

Recuerda, mientras más información tengas de las empresas más fácil te resultará tomar una decisión al momento de postular y así encontrar el trabajo de tus sueños. Todo depende de tu dedicación y perseverancia. Buscar trabajo no es un proceso fácil y requiere esfuerzo y compromiso, pero si lo haces bien seguro que lo lograrás.

Escoge al menos tres industrias en las que te gustaría trabajar y por cada una de ellas, encuentra tres empresas claves e importantes medianas, pequeñas y grandes.

Estas son las industrias, empresas, grupos económicos que te interesan.

Aquí debes determinar qué empresas o industrias son las que te gustaría ser parte, son aquellas que por alguna razón te interesan y sientes que realmente podrías aportar con tu experiencia y conocimiento.

Piensa en nombres concretos, tipos de industrias, industriales, servicios, productos, etc.. Ejemplo: Empresas productivas como las alimenticias (Colún, Nestlé, etc), empresas de servicios tales como las telecomunicaciones (Telefónica, Entel, etc.), empresas mineras como Codelco, etc.

También debes pensar en esta área, quienes son las personas y los cargos que te interesan y que podrían estar interesados en tu propuesta y oferta de valor. Por ejemplo, si eres una persona de RRHH y te interesa una posición como Gerente de Recursos Humanos, es difícil que contactando a un Gerente de RRHH te pueda apoyar, ya que le estarías haciendo competencia y no creo que te dé una reunión. Ahora es diferente si para el mismo cargo contactaras a un Gerente General o Director de RRHH ya que ellos son los que estarían buscando una persona con tu perfil.

Del punto anterior, encuentra los datos de contacto de las personas encargadas de selección o gerentes de áreas, nombre y apellido, correos, teléfonos. Envíales tu CV y carta de presentación.

Conoce muy bien a las empresas a las que estás postulando, o que te interesan. Conoce su propósito, industria, competidores, logros, cultura organizacional.

¡Por favor, nunca, pero nunca vayas a una entrevista laboral sin antes haber estudiado en detalle la empresa a la que estás postulando!. Aunque no lo creas, este es un gran error y lo he visto personalmente en muchas de las entrevistas que he hecho a lo largo de mi carrera profesional.

"Cuéntame qué conoces de nuestra empresa", es la pregunta que le hago a todas las personas que llegan a mi oficina por una entrevista laboral. ¿Sabes cuáles han sido las respuestas?. "No tuve tiempo", "no tengo internet", "vi solo lo que hacen…" etc.. Es increíble que no se den cuenta que el haber visto y leído la página web de la empresa y conocer al menos algunos conceptos de la visión, valores, principios etc., es clave para dar una primera impresión de que nos importa realmente a donde estamos postulando.

Piensa que la entrevista a dónde vas, no es solo para que te conozcan un poco más en aspectos profesionales y personales, sino para mostrar también que eres un candidato diferente y que tu realmente marcas la diferencia y no eres "uno más".

Escribe una muy buena carta de presentación de solo una carilla, ésta será tu clave de acceso a la organización, cuando la lean, abrirá o cerrará puertas.

En varias ocasiones me tocó recibir curriculums que no venían acompañados de alguna carta de presentación, solo un papel o fotocopia. Pero lo que siempre hizo la diferencia, fue cuando ese CV venía acompañado de una carta de presentación de una página y dirigido a mi persona. Una carta de presentación marca la diferencia entre un CV común y uno que marcará la diferencia en el proceso de selección.

Esa carta de presentación debe tener por lo menos los siguientes componentes:

- Un papel de buena calidad o si lo envías por email en un buen diseño.
- Que tenga por lo menos dos párrafos con conceptos bien claros.
- Solo una página, con aproximadamente 350 palabras o menos.
- Debe estar dirigido a la persona que lo verá y está encargado del proceso.
- Debe contener una breve reseña de lo que buscas y lo que ofreces.
- Debe tener un lenguaje formal pero real, no demasiado formal o técnico.
- Agradece el tiempo de leer y considerar tu propuesta.
- Léela y vuelva a reescribirla si no crees que es correcta.
- Es una buena estrategia pedir que alguien de confianza la lea y te dé su opinión. Mejor que sea esa persona de confianza y no alguien que puede no contratarte por estar mal redactada y con faltas de ortografía.
- Entonces siempre recuerda, nunca envíes un CV sin una carta de presentación, ya que lamentablemente y te lo puedo asegurar, hay un 98% de probabilidades que vaya directo a un cajón, archivo o al basurero.

Tu currículum debe ser diferente de todos los demás arma un currículo que sea diferenciador.

Muchas personas creen que un buen CV bien armado, con mucho tema dentro con muchas páginas, con muchos cursos te dejará en las primeras posiciones para encontrar el trabajo: NO. La realidad es que muchas veces un CV bien armado pero simple, es lo que llamará la atención.

Renueva tu CV, hazlo de acuerdo a las tendencias actuales, ni muy moderno, ni muy anticuado. Aquí algunas ideas:

- La foto no es necesaria, no se usa normalmente y puede desviar la atención, no lo recomiendo.
- Enfócate en logros, cosas que hiciste y conseguiste, no en funciones.
- Máximo una página y media, no más de eso.
- Si lo vas a entregar impreso, que sea de calidad, bien impreso, papel de buena calidad.
- Usa una tipografía clásica (Tamaño 12, Arial, New Times Roman, etc.)
- Pon solo lo importante.
- A nadie le importa realmente tus hobbies a menos que te lo pregunten.
- Tu estado civil, irrelevante para la búsqueda.

No cometas el grave error de repartir CV como si fuera una campaña política.

Nunca pienses que enviar cientos de CV a todo el mundo y dejarlo en cada oficina que vayas te asegurará un empleo. Conozco muchas personas y colegas que reciben a diario 30 o 40 CV s, todos los días, ¿y saben lo que hacen con ellos?. Muchos van a la basura o a un cajón o archivo con cientos de CV, esperando ser revisados, alguna vez, talvez.

Todos aquellos que hemos trabajado en áreas estratégicas recibiendo CV s no tenemos el tiempo para leer todo y a veces puede que se escape algo muy bueno y ¡eso pasa!. Por eso lo que debes hacer es conseguir los contactos, nombres y solicitar una reunión para que te conozcan y no solo tu CV. ¿Entiendes?. El CV solo abre la puerta para tener una pincelada de quien eres, ya que mucho de lo que está escrito puede o no ser 100% real. De acuerdo a investigaciones recientes se dice que el 30% promedio de un CV no es verdad o es una verdad "a medias". ¿Qué te parece?. Aquí aplica el dicho "el papel lo soporta todo" por eso el CV debe ser concreto y real.

Y no le entregues tu CV a quien no te lo ha pedido ya que esto no es visto bien por la persona debido a que recibe un "compromiso" que no necesariamente quiere asumir. No, no es que no quiera ayudarte, es que siente que ahora tendrá que "rendirte cuenta" y que está "obligado" y ya no lo hará con ganas. Pero si te ofrece o te dice: "Dame tu CV para entregarlo" es totalmente diferente ya que esa persona te está ofreciendo su ayuda. Si no te ofrece su ayuda, ya eso es un mensaje.

Tu curriculum no te conseguirá un nuevo trabajo

Te queda claro?, ¿te quedan dudas?. Haz un buen CV, si, es importante, pero lo más importante es saber "vender y hacer un buen marketing " de ese producto, TÚ. Eres un ser humano valioso que merece respeto, eso no lo puede mostrar tu CV.

Pero es importante que no pongas todas tus esperanzas en tu CV ya que contribuye a una parte de la estrategia, es importante, pero no es todo.

Tu estrategia, tu marca personal, tu red de contactos, etc.. Todo eso contribuye al proceso de búsqueda y el CV es una de esas partes importantes. Por lo que el no tenerlo te deja en desventajas, y tener un CV mal hecho te dejará en las últimas posiciones por cierto.

Buscar trabajo es trabajo, por lo tanto trabaja mucho en la búsqueda de ese trabajo.

Si actualmente estás trabajando y estás deseando conseguir un nuevo trabajo porque no estás contento con el trabajo que tienes, debes pensar que conseguir un nuevo trabajo dependerá en gran manera y es así, de la dedicación que pongas para conseguir ese nuevo trabajo. TU NUEVO TRABAJO ES BUSCAR TRABAJO NUEVO y es la mentalidad que debes tener. No te van a venir a golpear la puerta para invitarte (tal vez) por eso debes tomar la iniciativa y debes pensar que tu nuevo trabajo, ese que estás esperando, depende 110% de la energía que pongas para encontrarlo.

Esto aplica de la misma manera que si no tuvieras trabajo actualmente. Si en tu trabajo actual dedicas 8 o 10 horas a realizar tareas que no te llenan o satisfacen con un clima o jefe que no aporta a tu desarrollo, bien puedes dedicar las mismas horas a buscar trabajo. Todo momento libre que tengas o que puedas disponer, debe ser usado para conectarte con tus redes, llamarlos enviarles e-mails, tomarte un café con ellos, es que debes entender que estás en un proceso de búsqueda pero que finalmente se traduce en un proceso de venta: estás ofreciendo tu conocimiento, tu experiencia, tu trayectoria, etc.. Estás ofreciendo un producto de alto valor agregado y eres tú.

Cada día que te levantes, cada persona que se encuentre en tu camino, es una puerta a tu logro de objetivo que es conseguir tu nuevo trabajo. Puede parecer loco o mezquino pero no es nada malo el tener ese objetivo en mente y no dejarlo pasar. Toda persona que se te cruce en algún momento del día en tu vida debe saber que estás buscando un nuevo desafío, una nueva oportunidad, y que harás todo lo necesario para lograrlo, porque al final, es tu vida, tu empleabilidad, tu logro, tu futuro.

En este nuevo trabajo que tienes, que es buscar un nuevo trabajo, debes poner toda tu energía, ganas, creatividad, tenacidad, actitud, esfuerzo que puedas dar.
¿Estás desempleado?. No importan las razones o motivos de tu situación actual, y de hecho te vuelvo a confirmar que tu trabajo (aunque tú digas que no tienes trabajo) es buscar un nuevo trabajo. ¿A qué horas te levantas?, ¿qué haces durante el día?, ¿qué rutina tienes?. Ahora sabes que tu trabajo diario es buscar un nuevo trabajo.

¿Te acuerdas de tu jefe anterior?. Tenías que hacer cosas que te pedía, ¿cierto?. Tenías que cumplir metas, lograr objetivos, quedarte tarde en la empresa, etc.

Bueno, ahora ¡¡tú eres tu propio jefe!!. Y debes responder acorde: debes trabajar duro para conseguir tu nuevo trabajo.

- Planifica tu día, cada cosa que vayas a hacer, con todos los detalles.
- Prepara con un día de anticipación lo que vas a hacer mañana.
- Establece un horario para cada actividad.
- Levántate temprano.
- Comienza tu día reflexionando del día anterior, medita, ora, dale lugar a la parte espiritual que todos tenemos, queramos aceptarlo o no.
- Dale gracias a Dios por todo lo que tienes, sé agradecido.
- Sale de tu casa, anda a un lugar distinto a trabajar.
- Exígete, ponte metas específicas y mide si es que lo estás haciendo.
- Rinde cuentas: escoge una persona para contarle lo que estás haciendo y que haga de "mentor" que te exija, que te pregunte.
- Genera contactos diariamente, ponte una meta exigente, pero que puedas cumplir.
- Cierra tu día de "trabajo" reflexionando sobre lo que hiciste y no hiciste.
- Prepárate para la próxima jornada.
- Si lograste algún objetivo, prémiate con algo simbólico, dentro de tu presupuesto, esto es importante.

Ten muy en claro, tus fortalezas y debilidades, te lo van a preguntar.

Es fundamental que conozcas tus fortalezas y debilidades como trabajador y profesional, porque al momento de presentarse a cualquier entrevista de trabajo el reclutador si o si te las va a preguntar. Debes pensar muy bien lo que vas a responder, existe un sinnúmero de argumentos que podrías entregar al respecto pero no todos son correctos y éste es uno de los errores más frecuentes de los postulantes durante las entrevistas de trabajo.

Debes tener claro que a las empresas no les interesa escuchar características como: soy responsable, soy honesto o tengo gran capacidad para trabajar bajo presión. Tal vez sea así y eso es muy bueno pero lamentablemente tú no tienes como demostrarlo antes de que te contraten. Entonces surge la pregunta, ¿Qué debo decir?.

Piensa en cosas que hayas hecho en empleos anteriores y que puedan reafirmar tus características. Por ejemplo, tienes capacidad de liderazgo ya has estado a la cabeza de grupos de trabajo y obtuviste buenos resultados o eres capaz de trabajar bajo presión ya que en tu empleo anterior experimentaste situaciones complejas y lograste salir airoso.

Respecto a tus debilidades, puedes decir lo que quieras pero siempre indica qué estás haciendo para mejorar. Por ejemplo, si te cuesta hablar en público cuéntale al reclutador que estás tomando un curso de oratoria y así sucesivamente. A las empresas no les interesa que hables solo maravillas de ti como persona y trabajador, también están dispuestos a conocer tus debilidades y que estás haciendo para mejorar. Como siempre digo: No mientas, sé honesto y transparente, pero inteligente para saber cómo decirlo.

Nadie es perfecto y por eso es fundamental que seas honesto y si tienes alguna falencia siempre debes mostrar disposición para aprender y superar las adversidades. Conversa con las personas que componen tu círculo más cercano, háblales sobre tus fortalezas y debilidades y pide su opinión al respecto para que tengas una retroalimentación y puedas mejorar en el caso de que tengas que hacerlo. Si sigues estos consejos te aseguro que tu búsqueda laboral será exitosa.

No olvides que el proceso que conlleva el conseguir un empleo puede resultar tedioso y muchas veces tendrás la tendencia a pensar que jamás lo lograrás. Pero debes ser perseverante, tener fe y confiar en ti mismo y en tus capacidades como profesional y como persona. No te desanimes ni bajes los brazos porque si sigues estos consejos tarde o temprano lo vas a lograr.

Aquí algunas ideas para que las pongas en práctica:

- Habla con gente cercana y pregúntales cómo te ven, lo bueno y lo malo.
- Haz un listado de por lo menos cinco defectos y cinco virtudes.
- Comparte este listado con tu gente de confianza y convérsalo.
- Haz una encuesta en línea "anónima" para que mucha gente pueda dar su opinión de ti sin sentirse expuesta.
- Saca conclusiones y trabaja en los resultados para mejorar lo que haya que mejorar.
- Escríbelo y ten preparada tus respuestas para cuando llegue el gran momento de dar tus respuestas.

Ten un argumento bien claro de por qué te echaron o te fuiste del trabajo anterior.

El primer aspecto a considerar antes de iniciar una búsqueda laboral es tener claro que responder ante una pregunta bastante sensible e incómoda que suelen hacer los reclutadores o headhunters. ¿Porque te despidieron o porque te fuiste de tu trabajo anterior?.

Antes de asistir a cualquier entrevista de trabajo es muy importante preparar una respuesta para esta pregunta y así poder salir airoso de este desagradable momento. Lo primero que se recomienda es tratar de dejar de lado cualquier aspecto emocional que pueda influir a la hora de responder, hay que tener claro que quedarse sin trabajo es un proceso muy difícil de afrontar pero no por eso se debe perder la esperanza y el entusiasmo por enfrentar nuevos desafíos laborales.

Entre los argumentos recomendados al momento de responder a la pregunta ¿porque te echaron?, están el que se refiere a situaciones generales como necesidades de la empresa, también es conveniente señalar que uno no toma el despido como algo negativo ya que lo considera como una oportunidad para buscar nuevos horizontes laborales. Eso sí, siempre se debe ser lo más honesto y sincero posible para no generar una mala impresión al reclutador.

Finalmente, también se recomienda conversar o discutir el argumento a utilizar con familiares y amigos o mejor aún, con personas que se encuentran trabajando para de esta forma reforzar o mejorar tu respuesta.

Recuerda, conseguir un buen empleo es difícil pero siempre debes tener una actitud optimista y perseverante. Lo que acabamos de ver es solo uno de muchos puntos a considerar para tener una búsqueda exitosa y conseguir el trabajo soñado. ¡No te desanimes, todo depende de ti!

Prepara un buen argumento de un minuto en donde expliques por qué deberían considerarse para un puesto, por qué deberían darte una oportunidad.

Debes estar convencido TÚ primero, de tu valor y de lo que puedes aportar, para luego convencer a la persona a cargo de contratar a la persona escogida, ahora debe ser verdad, debe ser creíble porque si tú no crees o no sabes para qué eres bueno, ¿cómo lo podrá saber la otra persona?. Por eso no debes depender solo de tu CV, que como ya dije abre puertas, puede generar interés, muestra una línea de tiempo, etc. Es una herramienta de marketing, pero no basta para que "compren el producto".

Lo clave aquí es que tú creas que tienes lo necesario para lo que la empresa está buscando, ¿lo tienes claro?. ¿Sabes cuál es tu valor?, ¿sabes por qué deberían contratarte?, ¿por qué eres mejor que los demás?. Si no tienes claro todo eso y no puedes responder a esas preguntas de una forma convincente, debes replantear tu estrategia. Necesitas un profundo convencimiento de lo que eres como persona y cómo profesional y que seas capaz de mostrar eso en una reunión o entrevista.

Debes ser tan creíble en tu convencimiento de lo bueno que eres, que no deben quedar dudas de que tú eres la persona para el trabajo solicitado. Debes convencer de que tú eres único y diferente a todos los demás candidatos y postulantes, que sería un grave error no contratarte, pero ¿lo crees?. Si no lo crees, no vas a conseguir el trabajo que buscas y solo puede que consigas lo que haya en donde seguramente no harás la diferencia, serás uno más y después de un par de años querrás irte nuevamente a otra trabajo similar en donde tú no harás las diferencia.

Tareas:

- Prepara tu argumento.
- Escríbelo y corrígelo las veces que necesites.
- Compártelo con gente de confianza.
- Léelo en frente de un espejo.
- Graba un vídeo con tu teléfono y miralo varias veces.
- Se autocrítico y evalúa si realmente eres convincente.

Desarrolla y gestiona tu red de contactos. Todos los que te rodean y te conocen son potenciales fuentes de un nuevo trabajo o te pueden llevar a uno.

Todas las redes cercanas, amigos y conocidos, ex compañeros del colegio y de la universidad, incluso de antiguos trabajos.

Bien, me dirás: "Bueno, no conozco mucha gente, nadie me va a ayudar, no tengo contactos, etc., etc.". Otros dicen: "mira, yo estoy en Facebook, en Linkedin, en twitter, etc., y ¡¡¡no he conseguido nada en años!!!". Bueno, ese es el tipo de mentalidad que piensa que por estar en la redes automáticamente vendrán cientos de ofertas de trabajo que no podrás detener.

¡Nada viene en forma automática ni por un tipo de generación espontánea!. El conseguir un nuevo trabajo depende nuevamente del trabajo como te dije anteriormente. ¿Recuerdas?. Conseguir trabajo es un trabajo y es tu nuevo trabajo si quieres conseguir trabajo.

Entonces, ¿cómo consigo trabajo desarrollando y gestionando mi red de contactos?. Bueno, en primer lugar escribe los nombres de todas las personas que conoces, cercanos, lejanos, amigos, parientes, colegas de trabajo, universidad, colegio, etc. Está claro que ellos no te van a conseguir trabajo, pero lo más probable es que ellos si conozcan a alguien que puede llevarte a un contacto importante que te puede dar el espacio para una reunión.

No esperes a quedarte sin trabajo para empezar a contactarlos, ya que ese es el mayor error fatal de las personas al tratar de contactar a alguien que no han visto o contactado en años. ¿Te imaginas que alguien te llame para pedirte ayuda y nunca te envíe ni siquiera un saludo de fin de año?. Bueno, ahora debes hacer una costumbre y tradición si no lo hacías enviar saludos, emails, tarjetas (si se usan), saludos telefónicos, etc.

Activa tu red de contactos

Si estás buscando trabajo es fundamental que antes o durante el proceso tengas una buena red de contactos. Una red de contactos se compone de personas cercanas a tu entorno, hablamos de familiares, amigos o conocidos que puedan ser de utilidad para conseguir un empleo. ¿Cómo?. Generando un nexo entre la empresa y tu.

Lo ideal es que la mayoría de tus contactos a elegir se encuentren trabajando de forma estable y no es necesario que se desempeñen en cargos de alto rango. La idea es que a través de ellos puedas llegar a los encargados de recursos humanos y de la contratación de personal. Pero antes de contactar a dichas personas es fundamental que tengas una buena estrategia que te permita sacar el mayor provecho posible de esta relación siendo cuidadoso de no generar anticuerpos en las personas ni dañar amistades.

Sobre este último punto te recomiendo que por ningún motivo abordes a alguno de tus contactos con la directa intención de pedirles trabajo ya que es probable que te crean un interesado y se alejen de ti. Siempre debes ser sutil, hablales de a poco y muestra sinceridad al preguntarles cómo están, por su familia y cuáles son sus proyectos en la actualidad. Interesate por su trabajo, dónde está y qué rol desempeña dentro de la empresa. Otra buena estrategia consiste en invertir un poco de tiempo y dinero invitando a tu contacto a comer o tomar un café como una forma de reafirmar los lazos de confianza.

Una vez que recuperes la cercanía con esa persona comentale de tu situación, que estás en busca de una oportunidad laboral y preguntale si dentro de su empresa existe algún cargo o vacante disponible relacionado con tu profesión o la actividad a la que te dedicas, de ser asi pidele que por favor haga llegar una copia de tu currículum a la persona encargada de selección de personal o mejor aún, le puedes solicitar los datos de contacto del área de recursos humanos para que tu puedas enviar directamente tus antecedentes laborales y expresar la voluntad de querer trabajar allí.

Es fundamental que al momento de acudir a tu red de contactos para buscar trabajo siempre seas honesto, sutil y educado. Demuestra interés en la otra persona antes de pedir cualquier favor, y se agradecido y respetuoso sea cual sea la respuesta que recibas. No olvides que el trabajo de tus sueños podría estar a la vuelta de la esquina y encontrarlo solo depende de ti.

Ofrece servicios de consultoría y apoyo a pequeñas y medianas empresas.

Esta es una excelente estrategia y permite que la gente te conozca y al mismo tiempo ayudas al emprendimiento y a pequeñas empresas a desarrollarse, ya que no cuentan con los recursos o medios para contratar profesionales con experiencia, pero tú sí lo eres.

Un gran amigo me dijo eso cuando yo había quedado sin trabajo hace muchos años y tuve que comenzar un proceso de reinserción laboral y reinvención profesional. Me dijo: "No pierdas tiempo con las grandes empresas, probablemente no te contraten o sea mucho más difícil. Sin embargo las pequeñas empresas necesitan gente como tú, con experiencia, con conocimientos con años en la industria y tú puedes ayudarlos ya sea gratis o a un costo accesible para ellos".

Busca empresas pequeñas y medianas en las que puedas aportar tu experiencia y conocimientos. Estudia sus problemas y oportunidades de mejora y desarrollo. Contáctalos y coordina una visita para conversar con ellos. Ofrécete a realizarles un estudio y análisis de su situación y con las conclusiones ver las diferentes alternativas.

Si lo ofreces como "cortesía" (sin cobrar) es muy probable que lo acepten y puedas mostrar de lo que eres bueno y al mismo tiempo ayudar a un emprendedor o microempresario.

Estudia un curso, un diplomado, lo que te permita tu presupuesto, pero recuerda que hay mucha capacitación gratuita disponible en la red.

Una muy buena alternativa es aprovechar el tiempo que tienes disponible mientras buscas capacitarte por medio de las redes. Hay miles de cursos y capacitaciones totalmente gratuitas o a valores muy accesibles lo que permite que no hagas gastos importantes. Pero si tienes la posibilidad y algunos recursos, puedes acceder a algún diplomado o cursos de especialización que te puede llevar a profundizar y a perfeccionarte en tu área de experiencia.

Cuando te pregunten ¿qué estás haciendo? nunca digas nada o que estés desempleado, debes estar haciendo algo, lo que sea, por que eso habla de ti.

Lo que decimos y cómo lo decimos es clave. Cada mensaje que transmitimos por medio de nuestras palabras y expresión corporal transmite un mensaje al que nos está oyendo. Nunca debes mentir, debes decir la verdad, pero lo debes comunicar de la forma correcta para no ser mal interpretado o dejar una impresión equivocada.

Por eso recomiendo fuertemente el hacer actividades de ayuda a fundaciones organizaciones, colegios, empresas pequeñas, con familias amigos etc. Incluso desarrolla un proyecto de investigación que te permita estudiar y crear algo nuevo que aporte valor a la sociedad, y a las empresas.

No puedes bajo ningún punto de vista estar haciendo nada. Debes levantarte y crear, inventar o diseñar un proyecto que te permita decir de verdad: "Estoy desarrollando…" o por ejemplo, "Estoy trabajando en un proyecto que permitirá a la escuela…".

Incluso te animo a que puedas ver la posibilidad de escribir un libro o ensayo sobre un tema trascendente y de importancia que aporte nuevamente a la sociedad en todo su conjunto. Siempre, pero siempre debes estar haciendo algo, lo que sea, pero haciendo algo que no deje esa pregunta sin respuesta.

Practica mucho con alguien cercano o conocido, entrevistas, simulacros de conversaciones con recursos humanos y potenciales jefes, la práctica hace la perfección.

Tal vez te parezca algo no muy usual pero el practicar con alguien distintas instancias del proceso de entrevistas puede ayudarte a ganar confianza y evitar que cuando llegue el momento no sepas qué hacer o te de miedo enfrentar a la persona que te entrevistará o las conversaciones que tendrás con diferentes personas durante tu búsqueda.

Esto lo puedes realizar con familiares cercanos, amigos, compañeros, etc. No importa con quién lo hagas pero debes hacerlo para ganar confianza y práctica.

Aquí aplica el concepto antiguo "la práctica hace al maestro" y créeme que uno percibe cuando la persona que participa de la entrevista no ha venido preparada o está improvisando.

No dejes mucho espacio vacío en tu CV.

Dedicate a la investigación, desarrollo de un proyecto, mejora de tu comunidad. Un CV con muchos espacio de tiempo vacíos sin hacer nada o algo que pueda impactar, deja libre para pensar que tal vez no has hecho lo suficiente, que no te has dedicado a ayudar a otros, no has tomado desafíos temporarios. Por la importancia de todo esto, es que te dejo algunas ideas para compartir en tu CV o en las entrevistas:

- Trabaja en forma voluntaria, sin cobro en fundaciones, corporaciones, etc.
- Ayuda con tu conocimiento y experiencia a personas que lo necesiten, hazlo en forma ad honorem.
- Ofrécete a una "pasantía" sin cobrar en una empresa en la que puedas aportar.
- Haz un proyecto o una investigación de temas de contingencia, como por ejemplo el buscar empleo en medio de pandemia, crisis sociales o dificultades económicas.
- Da clases de apoyo en colegios sobre tu tema de experiencia y área de conocimiento o ayuda en áreas de administración, matemáticas, ciencias, formación vocacional.

Instaura la práctica de "te invito a un café" en donde puedas ponerte al día con las personas y puedas preguntarle respecto de su industria y empresa.

Tomar un café con un contacto debe ser una de tus estrategias, invita a la gente a tomar un café, a un almuerzo, lo que sea y aprovecha ese tiempo para ponerte al día y contarle de tus planes.

Agenda reuniones con personas que están trabajando y te puedan ayudar en tu proceso de búsqueda. Muchos de ellos, están dispuestos a ofrecerte una idea de cómo ven la industria, las tendencias, etc.

Recuerda: esas reuniones no son para pedir trabajo, ¡¡NOOO!!. Son para ponerse al día y contarle de tus planes, de qué estás haciendo, y lógicamente pedirle consejos, datos, información, todo lo que sea necesario para conseguir un nuevo trabajo. En general a la gente le gusta ayudar cuando uno es sincero y le expresa la verdaderas intenciones del contacto.

Gestiona y usa todas las redes sociales disponibles que existan y que puedas utilizar, Linkedin, Facebook, Twitter, Instagram, páginas Web, etc. Si no las conoces debes aprender a utilizarlas.

Todas las redes que mencionamos anteriormente son herramientas que no debes descartar y debes usar intensamente para conocer y contactar gente que no conoces. Linkedin es una tremenda herramienta para ello y te permite llegar a gente clave de empresas que te podrían interesar.

Usa las redes virtuales en forma inteligente, no mintiendo en tu propósito sino aportando valor e información a la red y ofreciendo tu apoyo y conocimientos. Debes hacer un mantenimiento frecuente e inteligente de las redes, publica información que sea relevante e interesante, invita a foros, grupos, discusiones que permitan que la gente te conozca.

Crea grupos de interés y que puedan aportar información y valor al grupo que has formado. Participa de foros y grupos en linkedin. A la gente le gusta recibir información que le permita crecer, no solo que le "vendan" servicios o conocimiento.

Hoy por hoy los headhunters, consultoras, encargados de reclutamiento, gerentes de áreas, gerentes generales están viendo y analizando las redes por lo que no puedes ni debes quedar al margen. Debes usar las herramientas y redes actuales para tu beneficio.

Tus contactos deben estar creciendo diariamente, envía correos y solicita información diariamente, por lo menos 10 correos diarios, 10 invitaciones diarias (buscar trabajo es un trabajo), solicita reuniones informativas y tomar un café por lo menos tres veces a la semana, si quieres agilizar el proceso de encontrar un nuevo trabajo. NO estarás perdiendo el tiempo, y será una inversión lo que gastes en tiempo, transporte y cafés.

Ofrece ayuda a tus contactos y redes, si eres bueno en algo y puedes aportar información clave que manejas y en donde eres experto, utiliza ese conocimiento para abrir puertas y generar interés en tu aporte de valor. Si ellos no te conocen, debes hacer todo lo necesario y posible para que te conozcan, ese es tu trabajo ya que como dijimos anteriormente, nadie lo hará por ti.

Si vale la pena y tienes recursos, invita a un contacto clave a almorzar, algo light no demasiado caro pero que sea mejor que un café. Esta es una muy buena inversión.

Este punto es muy similar al anterior pero un poco más intenso ya que permite un espacio de más confianza, mayor "inversión" pero también demuestra el nivel mayor de interés. Los grandes negocios comienzan, se concluyen u organizan en medio de almuerzos y momentos de comida.

Prepara bien los temas que conversarás, no improvises, lleva el punteo. Genera un espacio que sea distendido pero enfocado en los temas que vas a conversar.

Que quede claro desde el principio de la invitación a almorzar que la intención es conocer su industria, saber de las oportunidades y nuevos desafíos que se vienen. La idea es que te comente su opinión respecto de la búsqueda que tú estás realizando y pedir sus consejos.

Varias Ideas para aplicar que no son muy frecuentes que te recomienden

- Busca una persona de confianza con la que puedas hablar y compartir tus frustraciones, momentos difíciles, desafíos, no estés solo en el proceso de búsqueda.

- Participa de seminarios, reuniones, conferencias y talleres para generar redes de contacto.

- Contacta a headhunters y pide reuniones con ellos. ellos te pueden ayudar a ver tus debilidades y fortalezas.

- Los Headhunters, no te conseguirán trabajo pero es bueno que te conozcan.

- Asociate a otro desempleado y busquen trabajo juntos, hagan un pacto de ayuda mutua, alguno tendrá éxito primero y podrá ayudar al otro.

- Genera contenidos dentro de tu área de experiencia para que lo puedas compartir en las redes.

- Ofrécete a ayudar a alumnos universitarios en sus estudios o trabajos de grado, ayudar significa sin cobrar, nunca sabes las vueltas de la vida.

- Participa de todas las ferias laborales que hayan disponibles.

- Preséntate en las municipalidades, gobernaciones, dependencias municipales, centros comunitarios y ofrece tus servicios o pide ayuda dentro de tu área de experiencia y conocimientos.

- Crea una página de contenidos en facebook o instagram y desarrollo contenidos que aporten valor a la red de contactos y no conocidos.

Visitas en frío. Si tienes el coraje y la fuerza, anda a una empresa sin cita previa y pide una reunión de 5 minutos con el encargado de rrhh.

Una encuesta reciente en Linkedin, la plataforma líder de redes sociales empresariales y profesionales, demostró que el 70% de las personas piensan que la estrategia de "Visita en frío" es una buena alternativa y debe usarse en algún momento del proceso de búsqueda, tarde o temprano, tendrás que hacer una vista en frío, sino lo haces no habrás agotado todas las oportunidades y posibilidades en la búsqueda de trabajo.

En este consejo, debes ser muy valiente pero no mientas, no digas que tenías una reunión. Haz una carpeta de presentación con tu CV, en excelente calidad y llévala personalmente a por lo menos tres empresas claves en las que te gustaría ingresar a trabajar.

Para los que todavía crean que esta estrategia es una especia de "suicidio", les comento que en una oportunidad cuando era gerente, vino una persona directamente a la empresa en donde estaba, y no era una zona muy urbana ya que la única forma de llegar era en auto, y se presentó directamente sin invitación, para que alguien lo recibiera y le pudiera dar aunque fueran 5 minutos, pero fue tan convincente que no pude no entrevistar a este candidato.

¿El resultado?. En este caso lo contratamos, ya que era justo lo que estábamos buscando y necesitábamos.   No tienes nada que perder, si no lo has hecho, hazlo y te sorprenderás.

La importancia de la fe, en la búsqueda laboral.

Como bien sabes, buscar trabajo no es un proceso fácil sobretodo si es tu primer empleo. Es normal que a veces sientas que nunca lo conseguirás y que todos tus esfuerzos son en vano al no obtener un empleo de forma rápida. Debes recordar que si eres constante y logras entrar a la etapa de selección en alguna empresa hay que tener mucha paciencia ya que una respuesta puede tardar varias semanas.

Un aspecto fundamental para conseguir el trabajo de tus sueños es la fe, aferrarte a tus creencias para no perder la esperanza de lograr tus objetivos. Está científicamente comprobado que el recurrir a la meditación correcta, energías positivas, la espiritualidad y la fe en Dios, asegura buenos resultados en lo que sea que te propongas.

Y no hablamos solo de religión, todos los buenos pensamientos que tú o las demás personas a tu alrededor tengan hacia ti te ayudará a mantener la calma y mostrar una actitud firme ante cualquier meta o desafío. Si eres creyente, ora una o varias veces al día. Y si no lo eres, pide consejos, conversa y rodéate de buenas personas que te hagan sentir bien y no te estresen.

Sin embargo, la fe si bien es un componente clave en base a mi experiencia y a la de cientos de miles de personas en todo el mundo, debes hacer tu parte. También debes cumplir con tu parte del plan, sigue buscando trabajo, manda todos los curriculums que puedas y crea una red de contactos que te ayuden a ingresar y moverte dentro del mercado laboral.

Es fundamental que te mantengas activo, seas constante y disciplinado pero por sobre todo que nunca pierdas la fe y te aferres a tus creencias aún más durante tus momentos de debilidad.

Sé positivo y no decaigas, cree en lo que estás haciendo y en tus capacidades y fija tus metas y cuál es el camino que debes recorrer para cumplirlas. Si sigues todos estos pasos al pie de la letra ten por seguro que el trabajo de tus sueños llegará cuando menos lo esperes y ese momento te llenará de alegría y satisfacción, y todos los miedos, dudas e inseguridades desaparecerán.

¿Qué hacer mientras estoy desempleado?

Esta es una pregunta muy común entre quienes se encuentran sin trabajo, que hacer mientras busco una nueva oportunidad laboral o me encuentro participando de un proceso de selección. Existen varias cosas que puedes hacer mientras esperas pero independiente de la acción que elijas realizar es muy importante que te mantengas activo. Las empresas valoran mucho a los profesionales autodidactas, que siempre están en movimiento o aprendiendo nuevas habilidades.

Mientras te encuentres sin empleo, puedes recurrir a diferentes actividades que te permitan pasar el tiempo pero a la vez adquirir nuevos conocimientos que complementen tu profesión. Por ejemplo, en internet existe una amplia gama de cursos que puedes realizar totalmente gratis, algunos incluso los imparten y certifican prestigiosas universidades a nivel mundial. También puedes trabajar en la creación y desarrollo de un proyecto personal como un canal de YouTube, un sitio Web o un Blog que te permita desarrollar tus conocimientos y hacerlos visibles para las demás personas.

Otra buena alternativa a considerar es la creación de una propuesta de innovación o proyecto para una determinada empresa u organización, eso sí, te recomiendo hacerlo sin esperar una recompensa económica ya que es muy probable que en un principio no la recibas.

Cuando ya tengas lista tu propuesta, acercate a la empresa en cuestión y ofrece tu trabajo, presentate y muestrales tu proyecto. Luego cuando te pregunten cuánto cuesta debes decir que es sin ningún compromiso, que lo pueden utilizar sin problemas y que si les gusta e interesa te llamen para acordar un posible pago, antes no. La idea es que te conozcan a ti y a tu trabajo, y que con tus habilidades vean la clase de profesional que eres para que en el futuro evalúen tu posible contratación si así lo desean.

Obviamente no debes abandonar tu rutina diaria de búsqueda de un empleo, si puedes también asiste a seminarios, charlas, eventos o conferencias relacionadas con tu profesión o temas de interés. De esta forma te mantendrás activo y actualizado en las nuevas tendencias que cada cierto tiempo ofrece el mercado.

Toca guitarra, piano, lo que te guste. escribe una novela, lee un libro nuevo, practica cocina, haz algo rico, pinta la casa, practica un hobby, pero vuelve pronto a tu estrategia de búsqueda.
Revisa diariamente los diarios, noticias, redes, y todo lo que te permita estar al día de la contingencia social, política, económica y de salud, debes ser un experto en lo que está pasando y esto de paso te va dando información.

¿Has considerado el emprendimiento?. Puede ser una alternativa

¿Te interesa ser tu propio jefe, pero con todo el sacrificio que eso pueda significar? . Puedes considerarlo, no es algo sencillo pero, ¿porqué no?. Muchas personas lo han visto como una alternativa mientras se abren otras posibilidades.

Esto tiene que ver con nuevas oportunidades de negocio, generar servicios, vender productos, etc.

No existen fórmulas mágicas en relación al emprendimiento, no está asegurado el éxito, pero tampoco el fracaso, es cuestión de analizar las opciones y alternativas y comenzar a investigar qué es lo que se podría realizar y emprender.

¿Qué tener en cuenta?

- Dale una mirada a sitios de emprendimiento y conoce las historias de aquellos que comenzaron desde cero o que, producto del desempleo tuvieron que tomar esta opción.
- Definir plan de negocios, es decir, qué es lo que se va a hacer y cómo se va a hacer.
- Analizar la cadena de valor o la propuesta de valor que se ofrece.
- Cumplir todas las normativas y regulaciones, clave para no tener problemas con los entes reguladores y legislación vigente.
- Formar equipo que nos ayude con el proyecto, solo no lo puedes hacer y necesitas apoyo de amigos, conocidos
- Conseguir el capital, o puede que no necesites mucho, pero tal vez puedas comenzar con un mínimo de inversión.
- Investiga, pregunta, consulta. Hay mucho material en la red que te permitirá ver alternativas que te pueden ayudar y guiar en el proceso de iniciar un emprendimiento.

Tómalo como un desafío entre todos los que tienes. Hay muchas personas que han visto en el emprendimiento una puerta de entrada a nuevas oportunidades que nunca hubieran imaginado.

Contacta y conversa con emprendedores, ellos están dispuestos a ayudarte y orientarte en lo que sirve y lo que no sirve. No pienses que debes comenzar sin saber nada o sin preguntarle a nadie.

Recuerda, muchos emprendedores comenzaron producto de estar desempleados y buscar alternativas.

Busca un coach de empleabilidad

Si tienes los recursos necesarios y lo puedes hacer, una buena alternativa si no has visto resultados en mucho tiempo, o no sabes cómo comenzar, es tener un coach personal de empleabilidad, te generará la energía e impulso necesarios para dar el gran salto.

Actualmente como coach de empleabilidad apoyo y guío a muchos profesionales en sus procesos de generación de estrategia y aplicación de la misma hasta que finalmente consiguen un nuevo empleo. El mayor problema que veo es la falta de disciplina y responsabilidad en tomar la búsqueda de un nuevo trabajo con energía y con ganas. Muchos de ellos en un comienzo creen que esto es sencillo y que el coach les proveerá de los contactos, las entrevistas y los nombres de las empresas: Equivocado.

El coach te ayuda a organizar todo el proceso de búsqueda y está ahí para apoyarte en los momentos claves y difíciles. Es la persona que te dará ánimo, te responderá todas las dudas, y te animará cuando no quieras continuar, porque es su desafío.

Pero el coach de empleabilidad no hará ni puede hacer tu trabajo, porque buscar trabajo es tu trabajo. Entonces ¿para quién es el coach de empleabilidad?. Por un lado para aquellos que necesitan crear, desarrollar y aplicar una buena estrategia de búsqueda que consiga resultados en el menor tiempo posible. Por otro lado, es para todos aquellos que habiendo realizado todo lo posible por su cuenta, o habiendo fallado todo lo implementado, necesitan de un apoyo extra.

Ten mucho cuidado con tus perfiles personales en las redes sociales.

Por más que no nos guste o sientas que no es ser honesto, el que vea tu perfil puede hacerse una idea preconcebida de ti. Haz que tu perfil no interfiera en tu trabajo. Ten un perfil "limpio" en las redes. Tus redes sociales hablan de ti, es parte de tu vida y parte de lo que haces y lo que eres, o al menos es lo que muestra.

Todo lo que tu dejas en las redes sociales quedará y será muy difícil sacarlo. Debes decidir finalmente qué es lo que pondrás en las redes. Debes establecer tus parámetros en términos de para qué usarás las plataformas tales como Facebook, Instagram, Twitter, etc.

Es cierto que es tu vida, pero te vuelvo a repetir, muchos encargados de reclutamiento y selección miran la redes y tú nunca sabrás porqué es que no te llamaron. Te darán explicaciones si es que lo hacen pero no dirán nada respecto a tus fotos en medio de una fiesta tomando alcohol, o en situaciones comprometedoras. Entonces solo te puedo recomendar y orientar a que pienses muy bien lo que quieres de tu vida, futuro y desarrollo laboral y profesional.

Si quieres colocar lo que quieras en las redes sin importar los resultados, hazlo, pero ya sabes que cuenta y se tomará en consideración. Por otro lado, puedes decidir ser más precavido y cauteloso y empezar a "limpiar" y ordenar tu vida social pública y medir y pensar varias veces antes de subir algo que te pueda comprometer para siempre.

Busca trabajo en sectores que han sido fortalecidos en medio de la crisis y pandemia.

En estos tiempos de pandemia y crisis, existen una variedad de industrias que se han visto fortalecidas y que han crecido de forma exponencial, tales como las industrias ligadas a la logística, alimentaria, centros de distribución, clínicas, empresas de productos para centros médicos, laboratorios, industrias de aseo y productos de limpieza, fábricas de envases y productos descartables.

Cómo ves son muchas las empresas e industrias donde tal vez nunca habías pensado que existirían oportunidades y que nunca te hubieras visto trabajando en ellas. Bueno, ahora ves que es posible ampliar tus posibilidades profesionales y laborales en todas esas empresas que se verían beneficiadas con tu aporte de valor y servicios.

Busca trabajo en sectores que han sido debilitados en medio de la crisis, ya que ellos necesitan alguien que los ayude como externo, no asalariado.

Las crisis económicas, los estallidos y conflictos sociales, la pandemia han dejado grandes marcas y muchas empresas de todos los tamaños destruidas y quebradas. Todavía subsisten empresas que están a punto de quebrar, por lo tanto es el momento de poder ayudar y apoyar a aquellas empresas que todavía tienen oportunidades.

Ofrece tus servicios y apoyo a este grupo de empresas y organizaciones aunque sea por un tiempo breve, pero además de ayudarlas, podrás aumentar tu experiencia en áreas tal vez desconocidas para ti y podrás enriquecer tu currículum. Esas mismas empresas podrían en algunos casos, volver a llamarte y contratar tus servicios o incluso contratarte como empleado.

No busques trabajo como una víctima, sino como si tú fueras realmente clave para el éxito de esa empresa.

Tal vez no te sientas identificado con esta recomendación, pero puede que no te des cuenta que a veces en estos proceso de búsqueda, no se da una imagen positiva, lo que es percibido por los reclutadores y lamentablemente afecta la toma de decisiones por parte de ellos. Ellos comienzan a realizar preguntas y si el que te entrevista es un psicólogo, seguramente pondrá en práctica su experiencia clínica para ver dónde podrían estar tus desequilibrios emocionales y disfunciones sociales o psicológicas.

Con esto quiero decirte que no debes tener miedo a las entrevistas, sino que debes estar preparado y si aún no has puesto en orden tu problemas personales o situaciones no resueltas, hazlo antes, habla con personas que te puedan ayudar, anda a un psicólogo, pastor, amigo, etc.

No lleves, nunca, tus problemas a la entrevista. Siempre piensa en que todas las personas con que te relaciones por motivos de una búsqueda laboral o entrevista, quieren ver a una persona que ha sabido salir adelante en medio de la adversidad, quieren ver a un "ganador", alguien positivo en todo el sentido de la palabra, pero nunca un perdedor, negativo o deprimido o afectado por las circunstancias.

Llama para ofrecer tus servicios profesionales (emplearte o asesorías) a quien nunca te hubieras imaginado que llamarías.

No tengas vergüenza, el orgullo no sirve para este proceso. Seguramente hay personas o nombre que se vienen a la mente y que tal vez ni siquiera piensas o quieres contactar porque no crees que podría pasar algo o porque tienes vergüenza o porque pasó algo que no quieres recordar o retomar. Muchas veces el orgullo personal inmoviliza a las personas para no hacer lo que es correcto.

¿Amigos?, ¿familiares?, ¿ex empleadores?, ¿compañeros de estudio?. Nunca sabes qué van a decir o cómo van a reaccionar ante tu contacto o llamada. Se que esto no es fácil y cómodo, pero justamente este proceso de búsqueda es el que te desafía a retomar caminos que pensábamos habíamos dejado atrás, pero todo vuelve, siempre existe una gran probabilidad de que en algún momento nos re-encontremos con aquellos que tuvimos algún tipo de relación laboral o social en el pasado. No pierdas esta oportunidad, te puede sorprender.

Ofrécete a trabajar "gratis" por un tiempo corto, una semana dos, part time, para ayudarlos y que de paso te conozcan. Es la mejor forma de "vender" tus servicios.

Sé que esta recomendación para algunas personas es una locura, pero te puedo asegurar que funciona porque lo aprendí personalmente cuando una vez ofrecí mis servicios en los comienzo de mi proceso de reinvención y comencé a ofrecer servicios de asesoramiento profesional.

La sorpresa que me llevé es que a la semana que comencé a dar mis servicios "gratis" el gerente general me dijo que me iba a pagar igual que a sus asesores financieros y eso fue una tremenda sorpresa y me llenó de alegría ya que no me lo esperaba.

Bien, esta estrategia no es para tomarla a la ligera y debe ser bien preparada y establecida y debe ser ofrecida en un contexto que te lo permite hacer y que se entienda el porqué lo estás haciendo. Lo más sincero y honesto es que esta propuesta "sin costo" es para que te puedan conocer y lo que sí te recomiendo, es que lo hagas si es que decides hacerlo, por un tiempo limitado o servicio limitado.

Puede ser por una semana, por un mes, para cierto número de personas, para una área determinada, etc. La idea es que ellos puedan ver y conocer en terreno y tener una idea de lo que es trabajar contigo y el tipo de servicio o producto que entregas.

Se paciente, la impaciencia te puede llevar a la desesperación y desánimo, cegando tu claridad mental y eso lo ven las empresas y desarrolla la llamada "profecía autocumplida".

Por favor, entiende que este proceso es un proceso de búsqueda que lleva tiempo y que no siempre será fácil, y que los resultados son distintos para cada persona. Por lo tanto ten paciencia y si no tienes paciencia tendrás que desarrollarla y empezar a ponerla en práctica.

Lo peor que te puede pasar es querer que todo se solucione de un día para el otro y que el nuevo trabajo o desafío laboral llegue "mañana". Por eso es sumamente importante que cultives disciplinas personales para mantener tus niveles de ansiedad controlados.

Aquí te comparto una descripción de la paciencia que me parece puede ayudarte a entender mejor lo que significa:

"La **paciencia** es la actitud que lleva al ser humano a poder soportar contratiempos y dificultades para conseguir algún bien".
"La constancia valerosa que se opone al mal, y que a pesar de lo que sufra el ser humano no se deja dominar por él". Dicha palabra proviene del latín pati, que significa sufrir." (Wikipedia).

En la Biblia, el libro de los Proverbios hay una infinidad de referencias a la paciencia que me gustaría compartir contigo:

"El que es paciente muestra gran discernimiento; El que es agresivo muestra mucha insensatez". (Proverbios 14:29)"
"Pero si esperamos lo que todavía no tenemos, en la espera mostramos nuestra constancia". Romanos 8:25"
"Más vale ser paciente que valiente; más vale dominarse a sí mismo que conquistar ciudades". Proverbios 16:32"

La paciencia no es una virtud que sea proclamada o promovida en nuestra época actual por la gente ya que todo es para "ayer" y todo es instantáneo, nada puede esperar. En este proceso que estás viviendo, que la paciencia sea algo que puedas desarrollar día a día, aunque no sea fácil, pero marcará la diferencia.

No te quedes en pijama en tu casa

Vístete para estar siempre listo, no te quedes las 24 horas en pijama, eso cambia y altera tu estado emocional y físico. Se verá reflejado en los resultados. Hay muchas investigaciones y estudios realizados respecto de la práctica de buscar trabajo o de estar trabajando desde tu casa y la forma en cómo estás vestido.

Si te quedas en pijama o con la peor ropa que tienes, esto formará parte de tu estado de ánimo. Los que han estudiado esto, dicen que es clave tener una rutina similar a la que tendrías cuando sales a trabajar o generar entrevistas. Lógicamente hay más flexibilidad en tu casa y eso viene bien, no es necesario ser tan estricto respecto de la vestimenta.

Entonces busca un equilibrio en donde no es necesario que estés con corbata o con zapatos de lujo todo el tiempo, pero sí con una ropa informal y cómoda que te permita estar mentalmente preparado y listo por si ocurre alguna entrevista o contacto virtual. También es importante recalcar que debes tener una actitud positiva y de mirar siempre lo positivo y que pronto vendrá la oportunidad o nuevo desafío, y para ello el estar vestido en tu casa de forma coherente y apropiada, es una tremenda ayuda.

Las apariencias son importantes y las primeras impresiones cuentan.

Uno de los aspectos más importantes a considerar al momento de asistir a una entrevista de trabajo es la denominada primera impresión. ¿Cómo me verá mi futuro empleador?. Así es, ya que tu aspecto, postura o expresiones corporales dicen mucho de ti y de tu personalidad, y a la vez le muestran al reclutador de la empresa a la que deseas entrar la clase de persona que eres y el potencial trabajador que podrías llegar a ser.

Los expertos en reclutamiento y colocación laboral recomiendan asistir a una entrevista de trabajo vestido de la mejor forma posible, recuerda que tu no conoces la cultura de la empresa y ellos tampoco te conocen a ti por lo que la primera impresión es clave. Si eres hombre afeitate y peinate bien, no temas usar corbata y mantén tus zapatos lustrados y limpios. Si eres mujer vístete lo más formal que puedas y usa maquillaje sobrio y la menor cantidad de accesorios posibles.

En términos de postura corporal, es fundamental que en todo momento mantengas contacto visual con tu entrevistador, siéntate derecho y con una postura relajada pero a la vez seria, no mastiques chicle o cualquier otro alimento y cuida tu lenguaje. No utilices muletillas ni modismos, mucho menos groserías, además es importantísimo que la noche anterior a la entrevista de trabajo tengas un sueño reparador y te acuestes temprano para evitar bostezos o movimientos involuntarios asociados al cansancio.

Aunque parezca algo sin importancia, los reclutadores de empresas se fijan en el más mínimo detalle de cada postulante al que entrevistan. La presentación personal y el lenguaje corporal son los dos primeros filtros que utilizan para discernir entre quien avanza a la siguiente etapa y quien se queda en el camino. Por eso siempre procura cuidar tu aspecto y hasta el más mínimo movimiento o expresión, recuerda que esto dice mucho de ti y te están observando.

No olvides que conseguir trabajo es uno de los procesos más complejos a los que se debe enfrentar el ser humano, pero que si se realiza de forma seria y consciente podría arrojar buenos resultados en el menor tiempo posible. Entonces de ti depende que la búsqueda sea exitosa y que de una vez por todas logres encontrar el trabajo de tus sueños. "No te vistas bien para verte bien, sino para sentirte bien".

Ten una rutina clara diaria de actividades de búsqueda laboral como también tiempo para tu familia, descanso, etc., pero ten la rutina y hazla pública, que todos la conozcan.

¿Tienes un calendario o una agenda con tus rutinas diarias?, si lo tienes, fantástico y eso te permitirá definitivamente tener una vida más ordenada y organizada. De esta manera podrás enfocarte en tu búsqueda laboral y empleabilidad. Si no lo tienes, debes tener uno. Hazlo en papel, en la computadora, en tu agenda virtual, ¡donde sea! .

En este proceso de tu vida en donde te estás reinventando, es clave que seas organizado ya que uno de los grandes errores que cometen las personas que están en proceso de búsqueda es que se relajan y piensan que el nuevo trabajo y desafío vendrá solo. Eso no va a pasar. En tu rutina diaria debe haber tiempo para dormir, leer, comer, descansar, aplicar tu estrategia laboral, salir a la calle a buscar trabajo, realizar reuniones de contacto, investigar, etc.

Si no tienes una agenda o una rutina diaria, tu semana o mes se pasará sin tener claro qué es lo que tenías que hacer, muchas cosas no tendrán sentido, no sabrás cuales son tus prioridades. Hazlo.

Desarrolla y conoce lo más que puedas las competencias digitales y comunicacionales. Hoy están entre las más buscadas.

Si eres un nativo digital o manejas las herramientas informáticas y las redes sociales tales como Instagram, Facebook, Twitter, Linkedin, etc. estarás en ventaja ante muchas personas que no manejan esas herramientas, y son muchas.

Debes hacerte un experto en todo sentido en el manejo y aplicación de las redes virtuales en lo referente al trabajo y la búsqueda de empleo.

Constantemente debes revisar lo que está pasando, las noticias, las cámaras de comercio, los avisos económicos, y todo lo que está pasando en la industria de tu interés. Es vital que manejes los indicadores económicos para que cuando converses en las entrevistas y reuniones estés al tanto de los temas y no quedes como un desinformado. Toma cursos en línea gratis o paga si es que no lo encuentras, pero debes si o si manejar las competencias digitales y comunicacionales.

No dependas solo de un canal de búsqueda o postulación.

Otro de los grandes errores en el proceso estratégico de búsqueda laboral, es la utilización de uno o dos medios exclusivos de búsqueda laboral y empleabilidad. Debes estar metido en todas las redes sociales y medios de búsqueda en lo que se refiere a empresas de ofertas laborales como Laborum, Trabajando.com, etc.

Está probado estadísticamente que algunos medios de búsqueda o portales de empleo tienen menos del 10% de posibilidad de éxito en ofrecerte la propuesta indicada. Con esto no quiero decir que no tengas que estar en esos portales, debes estar, pero no depender en ellos como la única solución que te abrirá la puerta a nuevos desafíos.

Debes estar en todos lados, y lógicamente focalizado en aquellos medios que puedan darte una mayor probabilidad de éxito, tales como las redes directas de contactos y las redes de grupos cercanos.

No siempre la empresa a la que yo quiero ingresar, es la que me dará las oportunidades.

Muchas veces las empresas que no considero, son las que me pueden dar oportunidades que no me había imaginado. Conozco innumerables casos de profesionales que no tenían alternativas profesionales en las áreas de su interés y que por extrema necesidad tuvieron que aceptar una industria totalmente desconocida, pero que perfectamente podía utilizar los conocimientos de este profesional en búsqueda de un trabajo y nuevo desafío.

En estos casos estas personas pueden generan grandes aportes y cambios en estas industrias "desconocidas" ya que por la experiencia y conocimiento tienen mucho que aportar y no todas las organizaciones cuentan con ese capital de conocimiento y experiencia acumulado en tantos años de servicio.

No tengas temor ni dudas en tomar un desafío así, si tienes la oportunidad de tomarlo. Lo peor que te puede pasar es que no te guste y que quieras irte, pero no te puede ir mal si eres un buen profesional con mucho para dar y apoyar en los procesos. La buena actitud y fuerza de voluntad pueden mucho y además debes recordar que todo se puede aprender en la vida, todo.

Me ha tocado conocer personas que ya estaban en las empresas por mucho tiempo pero no conocían sus organizaciones y dependían del personal nuevo o con mayor iniciativa. ¿Te hace recordar algo en tu experiencia laboral?. Siempre hay gente que no quiere hacer más ni quiere aportar en donde está, y quieren hacer lo mínimo necesario. Es ahí en donde tu entras en acción: Marcar la diferencia y mostrar todo tu potencial y valor agregado.

El mercado laboral oculto es el que hoy tiene más del 70% de las ofertas laborales reales, y no son publicadas en ningún medio o red.

¿Sabías que existe un mercado laboral oculto?. Así es, ya que muchas empresas suelen no publicar el 100% de sus vacantes de empleo. Siempre, en la mayoría de las industrias cada cierto tiempo ocurren rotaciones de cargo, despidos intermitentes u otras situaciones que requieren la contratación de personal.

Sin embargo, debido a demoras administrativas o falta de reclutadores, el 80% de dichas ofertas no se publica y el proceso de ocupación para estas vacantes en muchos casos puede demorar semanas o incluso meses. De ahí surge el término "mercado oculto", ya que estas oportunidades de empleo existen pero no se encuentran visibles para el postulante.

Una buena forma de tener una oportunidad para acceder a estas vacantes es la creación de una buena red de contactos que incluya a algún conocido que ya esté trabajando en la empresa a la que de deseas ingresar, pero si esto no es posible los expertos en colocación laboral recomiendan acudir directamente a las empresas para consultar sobre la existencia de estas y a la vez entregar un curriculum o carta de presentación personalizada al departamento de recursos humanos de la compañía.

Otra opción bastante eficaz consiste en asistir como público a conferencias, simposios u otras actividades donde participen las empresas de tus sueños y tratar de acercarse a sus representantes para expresar tu interés por trabajar con ellos, y si es posible entregar tus datos, curriculum y carta de presentación como una forma de que te conozcan y crear una red de contactos.

Según las estadísticas, gran parte de los profesionales que actualmente se encuentran trabajando en grandes industrias ha conseguido dichos puestos gracias al mercado oculto. Por eso, te recomiendo que tomes en cuenta esta opción de búsqueda ya que de seguro obtendrás buenos resultados.

Recuerda, buscar trabajo es un proceso difícil pero no imposible y requiere mucho esfuerzo y perseverancia. Debes dar lo mejor de ti para demostrarle a las empresas y sus reclutadores de lo que eres capaz y tu valor como profesional. Además es importante que sepas de que esto no es un proceso inmediato y que puede tardar varias semanas o incluso meses, si esto ocurre no te desanimes ya que más temprano que tarde conseguirás el objetivo de conseguir el trabajo de tus sueños.

Si no te llamaron, o no te han informado del resultado del proceso, en vez de enojarse o sentirse mal, llámalos y amablemente pideles que te informen del resultado.

¿Te ha pasado alguna vez?, ¿viviste esa experiencia amarga en donde esperabas y nadie te llamaba?. Tal vez te enojaste y te sentiste mal por "la falta de respeto" y la falta de consideración hacia tu persona. Bueno, hay que enfrentarlo y eso es algo que todos hemos vivido alguna vez. En lo personal también creo que no es correcto no informar al candidato del resultado del proceso, pero hay que aceptarlo y así es como sucede.

Para enfrentar esta situación de la forma más profesional, madura y digna, es llamarlos hasta que te den una respuesta. No te aconsejo como he visto por algunos lados y redes sociales, denunciar a aquellos que no te llamaron como si esto hubiera sido un crimen a la humanidad.

Tal vez esta sea la respuesta de que esa empresa que no te llamó no le importa gente como tu ni tiene cuidado de sus empleados. ¿Qué piensas por el contrario cuando te llaman o envían un correo para informarte que no has quedado seleccionado?. El solo hecho de que te hayan llamado ya te da una tranquilidad especial y demuestra que a esta empresa si le interesan las personas y su bienestar socio emocional. Paciencia, ya te llamarán y te informarán de la buena noticia.

Siempre habrá una oportunidad, es tu responsabilidad luchar incansablemente para tenerla, está en tus manos, no pierdas la esperanza.

Cuando estés a punto de darte por vencido, "tirar la toalla" o dejar de luchar, piensa nuevamente que han habido millones y millones de personas en tu misma situación y que han podido superar esta difícil situación y lo han visto como una tremenda oportunidad para encontrar nuevos desafíos y oportunidades.

En mi caso después de haber desempeñado el cargo de gerente general por varios años y haber ocupado cargos en diferentes áreas y varios países, no fue fácil retomar este camino de la búsqueda laboral y la reinvención profesional, pero siempre tuve en mente que debía hacerlo, tenía que salir adelante, y quiero aclarar específicamente que la fe, mi fe en Dios, me ayudó tremendamente, no puedo no decirlo.

Aunque tu no tengas fe en Dios, no pierdas la fe en lo que puedes hacer, pero no te hará daño confiar en un ser superior, creador del cielo y de la tierra, creer es buscar lo que trasciende cuando todo lo que nos rodea no tiene sentido o no ves un futuro claro y no ves resultados.

Siempre habrá una oportunidad y tu lo puedes lograr con esfuerzo, con dedicación, con responsabilidad y pensando en todo lo que te rodea y que "no hay mal que dure cien años". ¿Cierto? .

Si no lo haces por ti, hazlo por tus hijos, por tu familia, por los que te aman, que éste sea uno de los motivadores que te hagan seguir adelante, porque siempre habrá una oportunidad.

Mira películas que hablan del desempleo y la búsqueda de nuevas oportunidades, son detonantes para que veas las oportunidades que existen y que no ves.

Una de las cosas que me sirvieron mucho en mi proceso de empleabilidad y reinvención, es buscar inspiración en varias películas actuales y de varios años atrás. Te puedo dar una lista pero será muy reducida ya que hay cientos sino miles de películas que muestran el sufrimiento y la superación de personas que quedaron desempleadas pero que pudieron sobreponerse a la adversidad. Algunas de las películas que te puedo recomendar son: "Amor sin escalas" (George Cloney), "Pasante de moda" Robert de Niro, "Hombre de Familia", "En búsqueda de la felicidad", "Hombre de negocios", " El camino de regreso", etc.

Cada película tiene un mensaje especial incluso aquellas que no son necesariamente de personas desempleadas, pero las que sí lo son, te ayudarán bastante a reflexionar sobre tu situación y cómo salir adelante. Míralas, piensa, reflexiona, escribe las ideas, pon algunas ideas en práctica.

Si no tienes un título profesional o universitario, seguramente tienes competencias profesionales y personales de alto valor que no requieren estudio: puntualidad, responsabilidad, compromiso, iniciativa, respeto, constancias, interés por aprender, amabilidad, sentido común, saber escuchar, ser agradecido.

Es cierto que si no tienes un título universitario no podrás trabajar en ciertas profesiones y posiblemente ni siquiera te entrevistarán, pero hay cientos y miles de trabajo y oportunidades profesionales en donde un título puede ayudarte pero no necesariamente será una traba el no tenerlo. ¿Entonces qué puedes hacer? Debes hacer todo lo posible para capacitarte tomando cursos, diplomados, seminarios, etc.

Eso por sí solo tampoco te garantizará la contratación. Entonces es ahí cuando debes saber trabajar en el desarrollo de aquellas habilidades que ya tienes y que sabes que son tu diferenciador.

No puedes decirle a la gente "soy honesto" porque nadie te conoce, no te debe creer, pero sí debes mostrar en tu entrevista una forma de pensar que sea impactante y que vaya mostrando a tu entrevistador que eres una persona real, que piensa, que tiene inteligencia emocional como intelectual, que razona problemas, etc. El no preguntarle a tu entrevistador cosas puede quitarte puntos, pero buenas preguntas llamarán la atención definitivamente con quien estés frente a frente.

Mira a tu potencial trabajo o empleador, como un cliente especial que quieres ganar, y haz todo lo necesario para lograrlo.

Es un detalle pero puede ayudarte a hacer la diferencia y tiene que ver con tu futuro trabajo o proyecto.

Ve las oportunidades que te puede dar ese nuevo empleador. Es como buscar un "nuevo cliente" que quieres ganar o un "nuevo proyecto" que quieres emprender.

¿Qué buscan las empresas y empleadores?:

- Alguien con mentalidad emprendedora.

- Que tenga ganas de trabajar y hacer la diferencia.
- Una persona que resuelva problemas y no les tenga miedo.
- Alguien que mira a la empresa como una oportunidad de crecer y desarrollarse.

Vacaciones, es el mejor momento para buscar trabajo, aunque no lo creas.

Muchos están fuera de sus puestos de trabajo, muchos no saben que tal vez sean alguno de esos que se vayan de la empresa al volver, por lo tanto estás ganando tiempo y en una posición de ventaja mientras otros descansan. La experiencia indica que no hay meses malos sino malas estrategias.

Es fácil echarle la culpa a los meses, al clima, a la crisis social, a la pandemia, a la falta de experiencia, a lo que estudiaste, a lo que no estudiaste, etc., pero el hecho concreto es que el trabajo existe y hay oportunidades que deben ser encontradas con dedicación y esfuerzo.

Que el proceso sea lento no significa que esté estancado y esto porque justamente el estar en período de vacaciones hace que muchas organizaciones no estén a full en sus procesos, pero la gente sigue saliendo de las empresas ya sea voluntaria o involuntariamente.

Hay también muchas personas en el período de vacaciones dentro de las empresas que durante esos meses "bajan la guardia" y se relajan, es decir no se enfocan en hacer bien su trabajo o dedicarse, ya que muchos jefes están de vacaciones, por eso se producen "bajas" en estos períodos, se generan posiciones libres y listas para ser cubiertas. Debes estar listo y activo durante las vacaciones, para cuando se produzcan las oportunidades.

Infórmate muy bien sobre la empresa a la que estás postulando y en especial la persona que te entrevistará si es que tienes su nombre. Si no lo tienes, consíguelo, pregunta.

Durante el proceso de prepararte para la entrevista, debes tener en cuenta que conocer muy bien y en detalle la industria y la persona que te está entrevistando es vital.

En el caso de conocer bien la empresa, esto significa conocer qué tipo de productos realiza, qué tipo de servicios ofrece, cuales son sus clientes target, si la empresa es de alcance nacional o internacional, cuáles son sus objetivos, principios, misión, visión, cultura organizacional, si ha ganado premios o reconocimientos.

El saber esto o al menos tener un buen conocimiento te da "puntos" ya que demuestra que existe un interés real y que además eres una persona que estudia, que analiza y que puede llegar lejos con tal de obtener el objetivo deseado.

Respecto de la persona que te estará entrevistando, al menos si puedes tener el nombre eso te ayudaría para saber quién es, qué tipo de profesional, conocimientos, experiencia, todo eso lo podría ver en linkedin o en redes sociales, es decir hacer lo mismo que ellos hacen con los candidatos es decir los investigan para conocer detalles de su vida, intereses, conocimientos, logros. Todo esto por sí solo no te dará el puesto pero te dará confianza en tener elementos que podrías usar en la entrevista.

Mira bien la oficina, la recepción y el lugar en donde se entrevistaron, los premios en las paredes, políticas, visión, misión, valores, cuadros, estilo, etc., todo esto es clave para darte una idea y prepararte para la entrevista.

Hay que tener claro que el solo hecho de que te hayan dado la posibilidad de estar en la entrevista, es porque hay algo que les interesa, ya sea que eres la única persona que se presentó o son 8 y tu eres uno de los potenciales candidatos finales.

Aprovecha esta oportunidad porque hubo muchos que no tuvieron esa oportunidad y no se les llamó o se les llamó para indicarles que "será para la próxima". Es tu momento, es como salir a la cancha en un partido importante y lo que se espera es que metas goles, pero lo hagas bien con delicadeza e inteligencia.

Nadie quiere un candidato arrogante o una persona que de lástima por lo que debes tomar tu lugar y sentarte para enfrentar a la entrevista como un ganador y no como un perdedor sin oportunidades. Nadie sale a la cancha a perder y solo jugar, los jugadores salen a ganar, tal vez ganar no sea que quedes en la terna, pero quedarán tus archivos, documentos y la impresión dada en la entrevista.

Llama hasta que te digan que no hay oportunidades o que "dejes de llamar".

Claro, hay límites de coherencia. No puedes llamar todos los días o cada tres días, etc. Pero por ejemplo si no te responden, puedes llamar hasta que te respondan, y cuando te respondan por un "por ahora no" puedes volver a llamar a la semana o después de dos o tres semanas y después de esa llamada al mes o a los dos meses.

No hay nada que perder y como decía un viejo amigo mío "el no ya lo tienes" busca entonces el SI. No hay nada malo con insistir en forma profesional y cuando me refiero, en forma profesional, me refiero a educación y ubicación, ya sea por medio de un correo, whatsapp, telefónicamente, personalmente. Para esta estrategia debes llevar un muy buen control de las llamadas y los contactos que has hecho.

¿Cuánto es lo que quieres ganar? Ten muy claro o al menos una idea aproximada de lo pretendes como sueldo o remuneración. Te lo van a preguntar y no queda muy bien no tener una idea.

Al iniciar tu búsqueda debes tener claro a qué apuntas, a qué tipo de ingresos estás mirando, todas estas cosas no se toman en cuenta y solo se mira qué cargo buscas, el área, pero si consigues el puesto que quieres, pero solo con la mitad de salario sin beneficios, ¿te interesaría?. El lugar de la empresa no es menos importante, piensa en ello. ¿En qué lugar físico te gustaría trabajar todos los días?.

Por ejemplo, si te ofrecen una oportunidad de trabajo con un cargo menor, pero ganando el 30% más en salario y con una serie de beneficios, ¿te parecería interesante? .

En internet hay mucha información y foros respecto a las escalas salariales, rangos de rentas por industria, foros de discusión en donde se ven los temas salariales.

¡Estas son las cosas que debes tener claras ya que muchas personas por la desesperación de conseguir trabajo toman alternativas sin beneficios y al final es más caro ir a trabajar que quedarse en su casa! .

Elevator Speech (Conversación de ascensor de un minuto)

¿Qué harías si un día te topas en un ascensor con el gerente general de la empresa donde quieres trabajar?, ¿qué le dirías?. Por muy increíble que parezca esto puede pasar, y si te pasa es fundamental que sepas qué decir en el momento, cómo presentarte ante el que podría ser tu futuro jefe y causar una buena impresión. Es fundamental que procures mantener la calma y seguir los consejos que te daré a continuación.

Lo primero obviamente es mantener la calma y actuar con naturalidad, saluda de forma amigable pero a la vez seria y siempre mira a los ojos. Preséntate de forma breve, habla sobre tu profesión y que actualmente te encuentras buscando trabajo.

Si la persona no te devuelve el saludo no seas insistente y solo continúa tu camino, pero si logras entablar una conversación es importante que antes de pedir cualquier cosa seas cortés y muestres interés en la otra persona, recuerda que ni tú lo conoces ni el a ti, entonces debes ser cauteloso con tus acciones y con lo que vas a decir.

Si te encuentras buscando trabajo, una muy buena estrategia es generar una tarjeta de presentación que te ahorre la incomodidad de llevar un curriculum contigo a todas partes, sobretodo si acudes a una actividad donde no necesariamente se da la posibilidad de interactuar con el reclutador de alguna empresa.

Esta tarjeta de presentación debe ser de tamaño normal, de calidad y debe contener tu información personal y de contacto bajo el siguiente orden: Nombre, profesión, número telefónico o email y si quieres alguna cualidad tuya o que cosas sabes hacer. Si ya la creaste siempre lleva una contigo en tu billetera ya que nunca sabes con quién te encontrarás en el camino.

Un encuentro casual entre tú y tu potencial empleador es poco probable pero puede pasar y por eso más vale estar preparado para que sepas que decir en el momento y salgas airoso o quien sabe, con la posibilidad de una entrevista que te permita acceder al trabajo de tus sueños. Por eso debes prepararte para poner en práctica todo lo aprendido hoy ya que para triunfar en la vida se necesita disciplina, dedicación y ganas de salir adelante. Ahora todo depende de ti porque el trabajo de tus sueños podría estar más cerca de lo que tu crees.

La entrevista perfecta, hay formas de lograrlo.

Conseguir una entrevista de trabajo no es una tarea fácil. Pero si fuiste ordenado, meticuloso y constante en tu búsqueda de seguro ya varias empresas querrán conocerte y citarte a tu primera entrevista laboral.

Como todos los pasos antes mencionados, una entrevista de trabajo es una instancia que requiere ser abordada con la mayor seriedad posible, ya que es una etapa fundamental que si o si debes superar antes de conseguir el trabajo de tus sueños. Por lo tanto, a continuación te entrego una serie de recomendaciones para que tu primer encuentro con tus futuros empleadores sea una experiencia grata y puedas obtener buenos resultados.

Primero que todo, es fundamental que antes de presentarte a cualquier entrevista de trabajo te des el tiempo de investigar todo lo que puedas respecto a la empresa a la que irás. ¿A que se dedican?, ¿cuál es su historia?, ¿en qué consiste su política organizacional y su cultura de trabajo?, ¿quiénes son sus autoridades y personas significativas?. Y obviamente, ¿de qué se trata el cargo al que deseas postular?.

Aunque parezcan muchas preguntas, todas son muy importantes y debes manejar sus respuestas ya que es muy probable que el reclutador te haga consultas al respecto.

Otro aspecto importante a considerar tiene que ver con la formalidad, vístete de la mejor forma posible y mantén una actitud relajada pero a la vez demuestra seriedad. Debes ser cordial, saluda con un apretón de manos firme y siempre mira a los ojos y por ningún motivo te presentes masticando chicle u otro alimento ya que no es bien visto y demuestra nerviosismo e inseguridad.

También es bueno que lleves contigo una carpeta bien presentada con tu currículum y carta de presentación personalizada para cada empresa y entrégala siempre y cuando te lo soliciten. Y lo más importante, siempre se honesto, sobre todo al momento de ser consultado por tus pretensiones de renta. Di lo que realmente deseas ganar tomando en cuenta el valor de tu trabajo.

Si sigues todos estos consejos es muy posible que te elijan para avanzar a la siguiente etapa del proceso de selección ya que entregaste una buena impresión al reclutador y el considera que podrías ser la persona indicada para el cargo.

El trabajo de tus sueños puede estar más cerca de lo que tú crees y si eres ordenado, disciplinado y muestras interés te aseguro que lo conseguirás. Prepárate y demuestra tus capacidades porque para triunfar en la vida la clave del éxito está en lo que puedas hacer tú para conseguir los objetivos que tanto deseas. Entonces todo depende de ti.

LOGRASTE EL OBJETIVO

¡Conseguiste un nuevo trabajo!. ¿Qué hacer los primeros 30, 60 y 90 días?

Felicidades, ya conseguiste el trabajo de tus sueños pero (si seguiste los pasos de este libro, seguro que sí), ¿y ahora qué?. Si ya te contrataron debes saber que todas las empresas fijan un plazo para evaluar tu continuidad, generalmente son 90 días lo que equivale a tres meses. Por eso es fundamental que durante este periodo no bajes la guardia y hagas tu trabajo de la mejor forma posible porque te estarán observando y el más mínimo error puede hacer la diferencia entre un trabajador contratado y uno despedido, es la realidad en la mayoría de las organizaciones.

¿Qué hacer entonces para conservar tu trabajo?. Los expertos recomiendan varios tips que puedes y debes tomar en cuenta. Lo primero es ser responsable y puntual, trata de mantener una asistencia perfecta y siempre llegar e irte a la hora que corresponde, recuerda que los retrasos reiterados son causal de despido. También es muy importante que mientras estés en evaluación vayas siempre a trabajar y no faltes a menos que sea por una situación de vida o muerte.

Otra cualidad que las empresas valoran mucho en un trabajador es la proactividad, siempre mantente haciendo algo y no pierdas el tiempo. También es muy bien visto que hagas preguntas a tu supervisor, ya que demuestra interés por tu trabajo. Muestra compromiso, si necesitan a alguien para realizar cualquier actividad dentro de tu lugar de trabajo se el primero en ofrecerte y si tu jefe te pide quedarte más allá del horario de salida hazlo y muestra una buena actitud.

Lógicamente, todo tiene sus límites y tú decides si quieres dar ese paso de dar "más" de lo necesario, cada persona es distinta y cada uno tiene sus objetivos. No estás obligado a hacer más que los demás, pero prueba para ver cómo eso te puede beneficiar o no en tu caso personal.

Otro aspecto a considerar si quieres conservar tu empleo son las relaciones interpersonales. Hablamos de cómo te relacionas con tus compañeros de trabajo y con tus jefes. Al respecto los expertos recomiendan siempre mantener una actitud cordial, amigable pero a la vez seria. Por ningún motivo te aisles y trata de integrarte al grupo a menos que ellos no te acepten. También queda estrictamente prohibido utilizar un lenguaje vulgar y menos grosero, otro error que nunca debes cometer es hablar mal de la empresa con tus compañeros de trabajo ya que te hará ver como una persona conflictiva y eso para las empresas representa un motivo suficiente para no renovar tu contrato.

Crea alianzas con las personas claves de la organización. Empleados del área, de otros departamentos, jefes que necesiten apoyo y una nueva visión.

Solo tu sabes cuanto te costó conseguir el trabajo de tus sueños y por eso está en tus manos conservarlo. Si sigues al pie de la letra todas las recomendaciones que vimos anteriormente serás el profesional idóneo para cualquier trabajo y la empresa que confió en ti no te va a dejar ir. Entonces ahora solo depende de ti. !Mucho ánimo en esta nueva etapa y a no confiarse!.

Entrevista a Claudio Calderón

La siguiente parte, contiene una entrevista que me realizaron en noviembre de 2020 en la ciudad de Santiago de Chile. El entrevistador fue Bruno Díaz Arias, Periodista licenciado en Comunicación Social.

1-   ¿Qué recomienda responder a la pregunta por qué te echaron?

Lo que yo le recomiendo a las personas que fueron despedidas y están en busca de una nueva oportunidad laboral, es que cuando les pregunten por que los despidieron sean sinceros y honestos no inventen excusas ni razones poco creíbles.

Cuando uno va a una entrevista debe estar dispuesto a aceptar diferentes tipos de preguntas y por lo tanto se debe preparar para responder. Para una pregunta de este calibre es bueno llevar un argumento bien desarrollado, sin caer en victimización, no culpar al empleador de la empresa que te despidió.

2-   ¿Cómo un trabajador sin experiencia podría hablar respecto a sus aptitudes y cualidades laborales?

Cuándo un profesional sin experiencia va a una entrevista de trabajo y se le consulta sobre sus aptitudes y cualidades laborales, creo que una buena estrategia para responder y salir del paso es hablar respecto a cuánto conoce uno de la empresa que te está entrevistando, decir que ingresaste al sitio web y viste de qué se trata de empresa, cuál es su política organizacional y que en base a lo que averiguaste consideras que tienes los conocimientos y habilidades suficientes para ingresar a trabajar con ellos y ser un aporte para lo que buscan como profesional en ti.

3-   ¿Qué elementos debe y no debe contener el currículum perfecto?

Según mi opinión, el currículum perfecto debe tener información personal y académica breve, y más que nada logros de la persona. ¿Qué hiciste en tu trabajo anterior?. Por ejemplo puedes poner si colaboraste en la elaboración y desarrollo de un proyecto, algún curso destacado que hayas realizado dentro de la empresa o fuera de ella también y cuáles son tus cualidades en que te destacas a nivel profesional.

Si hablamos de lo que no hay que poner, es necesario decir que a las empresas no les interesan tus hobbies, ni tu estado civil o tampoco si eres un profesional responsable o proactivo porque no tienes como probarlo ante ellos.

4- ¿Cuáles son a su juicio las mejores empresas para trabajar?. ¿Cuál es la mejor forma de acceder a ellas?

Esta es una pregunta bastante compleja de responder, ya que tiene muchas aristas. Primero, yo recomendaría ingresar a trabajar a una empresa grande con prestigio y si hablamos de industrias de este tipo puedo mencionar como la minería, la elaboración de alimentos, la aeronáutica etc.

Aunque también es totalmente válido que el profesional, sobretodo un recién titulado se guíe por sus intereses. ¿A qué rubro se quiere dedicar?, ya que de esta forma tendrá una motivación extra para hacer bien su trabajo y crecer a nivel laboral.

5- ¿Qué tan efectiva es la búsqueda de empleo a través del mercado oculto?

Yo personalmente lo considero bastante efectivo, resulta que muchos departamentos de recursos humanos y selección de empresas no gastan dinero en contratar empresas de reclutamiento ni publicar avisos en la prensa para ofrecer empleos, entonces existen muchas ofertas laborales que están pero no salen a la luz. El mercado oculto es una buena forma, ya que no todos conocen esta modalidad y por lo tanto la posibilidad de conseguir un empleo es mayor.

6- ¿Qué se debe decir y cuál es el error más común que cometen los postulantes al momento de entregar un currículo de forma presencial en una empresa?

Yo creo que lo principal es no mentir. Me pasó varias veces que la gente fue a la empresa donde yo trabajaba a dejar un currículum, y pidió hablar conmigo asegurando que teníamos una cita pactada lo que obviamente no era verdad. Es muy importante que para realizar este tipo de acciones uno tenga mucha personalidad y sea honesto, si no tienes una cita con el encargado de recursos humanos habla con la persona que está en recepción y dile que vienes a dejar tu currículum para que por favor el encargado de reclutamiento te reciba si es posible.

Si no se puede, retírate o pide agendar una cita con el. Yo podría asegurar que en la mayoría de los casos los encargados estarán dispuestos a recibirte y escucharte, ya que haber ido directamente a la empresa demuestra interés por tu parte por trabajar con ellos y eso se valora mucho.

7-   ¿Qué hacer y cómo actuar ante una entrevista de trabajo grupal?

Lo principal es ir bien preparado, arreglado y vestido para la ocasión. Es fundamental ser honesto y jamás mentir respecto a las habilidades y características laborales que uno posee. Ahora, si hablamos de una entrevista de trabajo grupal hay que saber que las empresas ocupan este método para saber cómo se relaciona el postulante con otros competidores o futuros compañeros de trabajo.

Es fundamental mantener en todo momento una actitud respetuosa y humilde y tratar de demostrar que eres mejor que ellos de una forma no agresiva e inteligente, deja participar a los demás pero a la vez no permitas que te impiden hablar o traten de opacarte.

8-   ¿Qué tan efectivo es crear una red de contactos al momento de buscar un empleo?

Las redes de contacto para buscar trabajo son importantes y efectivas siempre y cuando se alimenten de forma constante. Si la persona recurre a esta metodología de búsqueda una vez que fue despedida, y no antes probablemente no van a funcionar.

Una buena forma de mantener activa una red de contactos es ir hablando constantemente con cada uno de ellos, pregúntales cómo están, cosas de su actual empleo y muestra un real interés por ellos, que no sientan que solo los estas buscando para pedirles trabajo porque si se dan cuenta que es así probablemente te ignoren o se molesten contigo.

9-   ¿Cuál es la mejor manera de abordar tus fortalezas y debilidades durante una entrevista de trabajo?. ¿Qué es lo que nunca se debe decir?

Esta es una respuesta que se debe pensar muy bien, cuando las empresas preguntan cuáles son tus fortalezas y debilidades es porque quieren saber como eres primero como profesional y después como persona. Debes ser honesto y mencionar verdaderas fortalezas y debilidades, por ejemplo una fortaleza en un trabajador es la eficiencia, si te preguntan porque digo si eres una persona eficiente puedes decir que en tu trabajo anterior saliste bien evaluado por tus niveles de productividad, nunca digas que eres trabajólico.

Nunca olvides que los reclutadores están buscando cualidades y actitudes que tú puedes realmente demostrar y probar al momento de ingresar a trabajar a la empresa.

Si hablamos de debilidades, es fundamental que si vas a hablar de las tuyas menciones también que estás haciendo para remediarlas. Por ejemplo, si tienes poca tolerancia a la frustración puedes decir que estás realizando un coaching o terapia para ser más paciente y mantener la serenidad ante cualquier situación adversa, siempre da una solución ante tus falencias.

10- ¿Qué tan efectivo y recomendable es el uso de terno y corbata o traje de dos piezas durante una entrevista de trabajo?. ¿Cómo recomienda vestirse en época veraniega?

En mi opinión, para ir a una entrevista de trabajo el concepto chaqueta y corbata es fundamental y universal, ya que demuestra seriedad y profesionalismo en la persona. Sin embargo, una cosa que también yo recomiendo hacer es investigar respecto a la cultura de vestuario de la empresa donde se está postulando.

¿Cómo se visten los empleados?, ¿cómo se viste el gerente?. En internet está lleno de fotografías de varias empresas donde se ve el código de vestimenta de sus empleados, ahora si hablamos de asistir a una entrevista en época veraniega se puede ser un poco más flexible, por ejemplo no usar chaqueta o camisa manga corta sin corbata y las mujeres pueden ir con un vestido sobrio, pero nunca perder la formalidad.

11- ¿Cuánto puede tardar un proceso de selección?. ¿Qué hacer cuando no te responden si quedaste o no en la empresa?

Es relativo, por lo general las empresas manejan diferentes tiempos y plazos para encontrar al candidato ideal en base a lo que ellos buscan. Por ejemplo, para los cargos de gran magnitud relacionados con gerencia o administración el tiempo promedio que demoran los procesos de selección es de 15 a 30 días, a su vez para los cargos de menor rango como recursos humanos, logística o producción existe un tiempo máximo de 15 días.

Es muy común que luego de asistir a una entrevista de trabajo esperes que te contacten, puede saber los resultados de ella, en palabras simples si pasas a la siguiente etapa o te quedas en el camino. Aquí es fundamental no caer en desesperación, ya que dicha respuesta con normalidad tarda varios días.

Si no te llaman, debes mantener la calma y si es mucha la ansiedad llama directamente a la empresa o manda un correo electrónico para preguntar en qué va el proceso, si no te contestan hazlo nuevamente día por medio hasta que tengas una respuesta o mejor aún prueba intentando una vez por semana.

12- Respecto a la recurrencia a la fe y la espiritualidad durante una búsqueda laboral, ¿Qué hago si soy ateo y no creo en nada?

Muy buena pregunta, lamentablemente si estás en busca de una oportunidad laboral y no tienes fe, ni mucho menos crees en nada no hay absolutamente nada más que hacer. Yo soy una persona creyente y por lo tanto creo en la fe y la espiritualidad, estoy convencido de que no estamos solos y que hay un ser supremo al que le podemos pedir ayuda siempre cuando la necesitamos.

Yo creo profundamente que es bueno creer en algo, no digo en cualquier cosa, sino una fe profunda en Dios y en todo lo que lo rodea, porque esto nos entregará fortaleza, sabiduría y esperanza para afrontar un proceso tan difícil como conseguir trabajo. Por eso hay que creer, siempre hay que creer.

13- ¿Qué hago si no tengo una red de contactos sólida o nadie me quiere ayudar durante mi búsqueda laboral?

Es difícil que nadie te quiera ayudar, pero si pasa o derechamente no tienes una red de contactos sólida lo que yo recomiendo es crear un perfil de LinkedIn. LinkedIn es una plataforma social que se dedica específicamente a unir personas y profesionales viendo desde un punto de vista académico o laboral, allí existe la posibilidad de crear una red de contactos cuando no necesariamente se conoce a las personas.

Una muy buena idea es crear un grupo relacionado con tus intereses o tu profesión, por ejemplo si eres periodista puedes crear un grupo relacionado con conceptos vinculados al periodismo donde tú seas el administrador y admitas solamente a periodistas o personas vinculadas al mundo de las comunicaciones.

Sin embargo se debe tener cuidado y ser constante en las publicaciones que se van a realizar en la página para atraer aún más contactos, y que los ya existentes se interesen por tu contenido y no abandone el grupo, trata de ver la posibilidad de interactuar con ellos de alguna forma para que te conozcan y tus lazos sean más firmes.

14- ¿Qué debo poner en mi perfil de LinkedIn si no tengo experiencia laboral?

Si el profesional está recién titulado y no tiene experiencia laboral, lo que yo recomiendo colocar el perfil de LinkedIn sean logros destacados que haya tenido durante su etapa como estudiante, también es bueno poner sus habilidades respecto a su profesión y a que se quiere dedicar a futuro, cuál es el nicho que desea explorar o donde le gustaría hacer carrera.

Otra muy buena opción es compartir algún documento o trabajo destacado que el profesional tenga, puede ser un paper, un video, una tesis, etc. De esta forma, la persona puede demostrar de lo que es capaz de hacer ante quienes visiten su perfil.

15- ¿Qué hago si en las empresas no quieren recibir mi currículum?. ¿Cómo consigo el contacto del encargado de reclutamiento para hacer una entrega personalizada?

Esto es una pregunta interesante de responder ya que yo personalmente nunca he escuchado que suceda. Como gerente general de empresa por muchos años, siempre estuve dispuesto a recibir todos los currículums que llegaron a mí, nunca desprecie ninguno porque entiendo que la persona que lo vino entregar está en busca de una oportunidad y por lo tanto merece todo el respeto posible, ya que además se tomó la molestia y tuvo el coraje de venir personalmente a dejarlo.

Ahora, si existe aquel ser humano que se niega a recibir un currículum lo que yo recomiendo hacer es averiguar su correo electrónico o el del departamento de recursos humanos de la empresa y enviarlo directamente a ellos por esta vía. Quizá no sea tan efectivo como hacerlo de forma personal, pero las posibilidades de que te contesten son muy altas y funciona en la mayoría de los casos.

Si estás buscando llegar directamente a los encargados de reclutamiento recursos humanos de las empresas, una buena forma de hacerlo es a través de LinkedIn.

Averigua sus nombres y envíales un correo o una carta certificada dirigida específicamente a ellos para que la puedan recibir. En este punto hay que ser cuidadoso, ya que si envías una carta sin nombre es muy probable que quede en el buzón de la empresa y no la reciba nadie entonces siempre se debe enviar algo personalizado.

16- Si se da un encuentro casual, ¿Cuál es la forma correcta de abordar a una autoridad de la empresa a la que deseas trabajar?. ¿Qué es correcto decir y que no?

Lo primero es nunca ponerse nervioso, hablar claro y demostrarle a la persona las ganas y el profundo interés que tienes tú como trabajador para poder ingresar a su empresa. Si tienes experiencia laboral habla de ella, menciona tus logros y cómo te destacaste en tu empleo anterior.

Ahora, si no eres un trabajador con experiencia puedes mencionar cuáles son tus habilidades y cómo podrías ser un aporte para las necesidades de la compañía, lo importante es que siempre seas honesto y te dirijas a la persona con respeto y humildad, sin caer en la prepotencia. Te aseguro que te van a escuchar y en el mejor de los casos, conseguirás la oportunidad que tanto buscas.

17- ¿Cómo puedo ofrecer mis servicios a una empresa si tengo la necesidad u obligación de obtener un contrato de por medio?

Yo lo considero una muy buena alternativa, de hecho lo he puesto en práctica varias veces y me ha funcionado muy bien. Es muy bien visto y valorado por las empresas que tú les ofrezcas servicios de asesoría sin necesidad de obtener un contrato, de esta forma te podrás dar a conocer y demostrar tus capacidades como profesional.

Lo que yo le recomiendo a los profesionales que no tienen experiencia laboral y están iniciando su carrera hacia el trabajo soñado es que ofrezcan servicios de asesoría a la empresa donde desean ingresar, si el profesional es bueno y hace bien su trabajo, es muy probable que sin que lo pida le ofrezcan recibir una recompensa económica por sus servicios o mejor aún, un contrato de trabajo.

18- Si ya me contrataron, ¿Qué acciones debo realizar para lograr la extensión de mi vínculo con la compañía?, ¿Cómo puedo demostrar mis habilidades para el cargo sin opacar al resto de mis compañeros de trabajo?

Generalmente las empresas fijan un periodo de prueba para los trabajadores que han contratado, este lapso de tiempo puede durar entre 60 y 90 días. Por eso es fundamental, que mientras el trabajador es evaluado cumpla sus labores dentro de la empresa de la mejor forma posible.

Por ejemplo: si o si se debe llegar temprano a trabajar, hay que faltar lo menos posible y siempre demostrar una buena actitud y disposición. Si te mandan a hacer algo hazlo, si ves que alguien necesita ayuda ofrécete y si no tienes nada que hacer busca en qué ocupar tu tiempo de forma productiva.

Lamentablemente, es casi imposible demostrar tus habilidades o ser un buen trabajador sin que opaques al resto de tus compañeros. Una muy buena idea demostrarle a tu empleador por que deben extender tu contrato sin pasar a llevar el resto, es entregar tus ideas y aportar a las necesidades de la compañía de forma sutil y respetuosa con un tono humilde.

Además siempre hay que estar dispuesto a aceptar críticas y sugerencias respecto a tu desempeño y a demostrar que puedes superar tus obstáculos o falencias de forma efectiva y sin pasar a llevar a los demás.

19- ¿Cuáles son las causales más frecuentes de despido en un profesional recién contratado?

Yo creo que lo peor que puede hacer una persona independiente si es profesional o no, es mentir. Te aseguro que lo primero que van a echar es al mentiroso, al ladrón, al que oculta información, pero principalmente al que hace mal su trabajo.

A mi parecer, si uno fue recientemente contratado por una empresa debe mostrarse, darse a conocer cómo profesional y entregar motivos al empleador para que extienda tu contrato. Por eso nunca hay que llegar tarde, nunca hay que hablar mal de la compañía ni prestarse para la elaboración de chismes o comentarios inapropiados y nunca se debe demostrar una mala actitud frente a las dificultades que el trabajo implica.

Si necesitan voluntarios para turnos extras ofrécete, ya que de esta forma podrás demostrar tu interés por permanecer en la empresa. Lo más importante es que cumplas con tus obligaciones y hagas bien tu trabajo, de esta forma podrás continuar en la empresa y quién sabe en el futuro acceder a posiciones de alto rango que te permitan un mayor desarrollo como profesional y como persona.

20- Finalmente, ¿Algún comentario o algo que desee agregar al respecto?

Creo que lo principal al momento de buscar trabajo es nunca perder la fe ni la esperanza. Conseguir empleo no es un proceso fácil y debe ser tomado con la mayor seriedad y profesionalismo posible y si o si requiere mucho trabajo y dedicación.

Otra cosa que yo recomiendo es siempre mantener una actitud positiva y recordar que buscar trabajo debe ser tomado como un trabajo más. Si te quedas encerrado en tu casa mirando la tele o jugando en el computador y tomas como estrategia enviar uno o dos currículum a la semana o a través de portales de empleo tus posibilidades serán mínimas, por eso se deben hacer todos los esfuerzos posibles para lograr el objetivo por muy difícil que este parezca.

Palabras finales

En lo personal, me ha tocado estar del lado del que contrata y del que despide por más de 20 años, he sido despedido, he renunciado y me ha tocado apoyar en procesos de reubicación laboral a cientos de personas durante los últimos 11 años por lo que entiendo perfectamente lo que significa estar en un proceso de búsqueda y todo lo que eso implica, frustración, enojo, tristeza, fastidio, esperanza, alegría.

Te animo a no bajar los brazos, a no desanimarte ni sentir que todo está perdido porque no lo está y al escribir este libro el mayor deseo que me ha motivado es ser un apoyo personal y verdadero para que puedas salir y romper la inercia de no hacer nada o dejar de hacer lo que estás haciendo, o al menos mejorar lo has estado haciendo.

Como lo dije en capítulos anteriores, buscar trabajo es trabajo y el no encontrar trabajo solo podemos asignar la responsabilidad al interesado en este caso tú. El éxito o fracaso en la búsqueda de empleo nuevamente dependerá de tu trabajo, esfuerzo, dedicación y constancia que le pongas a esta tarea, como si fuera un emprendimiento o el comienzo de una nueva vida.

Verás que al final del camino, te reirás de muchas cosas, verás los errores cometidos, las frustraciones, las largas noches, los momentos difíciles y de soledad, pero habrás logrado el objetivo y habrás aprendido un sin número de lecciones para toda la vida. Este libro te ayudará y guiará en todo el proceso.

Te deseo el mayor de los éxitos.

Claudio   Calderón

Reconocimientos

Este libro tiene la colaboración y contribución desinteresada y valiosa de excelentes profesionales en su área que me han apoyado en el proceso de desarrollo, corrección, análisis y validación de contenidos de este libro. Quiero destacar y agradecer sinceramente a:

Orietta Gomez L., Ingeniera Civil, presidenta de la Fundación FEEIS y colaboradora en varios proyectos sociales sin fines de lucro: Corrección y edición del texto.

Bruno Díaz Arias, Licenciado en Periodismo : Transcripción de videos a texto, preparación y realización de la entrevista.

Maroan Morales, Informático, programador, comunicador visual y de media: Diseño, realización, producción y post producción de la serie de mis videos sobre empleabilidad.

Muchas gracias por todo el apoyo y aporte en sus respectivas áreas.